네이키드 스트렝스

당신의 명함은 언제든지 폐기될 수 있다!

# 네이키드 스트렝스

## NAKED STRENGTH

다 벗은 후에도 남아 있는 힘

이상훈 지음

21세기북스

# The Oak

by Alfred, Lord Tennyson

Live thy Life,

Young and old,

Like yon oak,

Bright in spring,

Living gold;

Summer-rich

Then; and then

Autumn-changed

Soberer-hued

Gold again.

All his leaves

Fall'n at length,

Look, he stands,

Trunk and bough

Naked strength.

# 참나무

−앨프레드 테니슨

젊거나 늙거나

저기 저 참나무같이

네 삶을 살아라.

봄에는 싱싱한

황금빛으로 빛나며

여름에는 무성하지만

그리고 그러고 나서

가을이 오면

더욱더 맑은

황금빛이 되고

마침내 나뭇잎

모두 떨어지면

보라, 줄기와 가지로

나목 되어 선

발가벗은 저 '힘'을.

# 최고의 나를 꿈꾸는 당신에게

우리에게 직장은 무엇을 의미하는가. 오직 밥벌이를 위한 질곡의 늪처럼 여겨지는 것이 사실이다. 그러나 한편으로는 직장이라는 조직에 감사한 마음이 들기도 한다. 직장은 내가 하루의 가장 많은 시간을 보내면서 인생과 가족을 위해 능력을 최대한 발휘해야 하는 공간이다. 거창하게 말하면 자아 실현과 성취를 위한 씨앗을 뿌려 노력한 만큼 거두는 밭이 바로 직장일 것이다.

그런데 안타깝게도 현대인들은 직장에서 점점 왜소해지고 있다. 직장은 자본의 축적과 효율의 증대를 추구하는 조직이다. 그러다 보니 우리는 스스로 갈구하고 찾아야 하는 일의 의미를 잃고 방황하기 쉽다. 업무는 늘어만 가고 그 속에서 한 치의 여유도 없이 빡빡한 일상을 보낸다. 마치 영화 「모던 타임스」에서 찰리 채플린이 그랬듯이, 커다란 기계의 부속품과도 같은 하루를 살고 있다는 것이 정확한 표현이 아닐까 싶다.

우리는 매일매일 떨어지는 업무 할당량을 채우는 데만 급급한 나머지 전체에서 어떤 맥락과 의미가 있는지 제대로 파악하는 데 어려움을 겪는다. 비록 소질과 적성에 맞는 일자리를 용케 잡은 사람이라도 진 빠지는 직장 생활의 피로 속에서 자신을 놓아버리기 쉽다. 직장 생활을 시작할 때 간직했던 초심을 더는 이어가지 못하고 말이다.

직장인 개개인뿐만 아니라 사회 전체를 봐도 그렇다. 맞벌이 부부가 곳곳에 넘쳐나지만 안정적 직장은 거의 없다. 그들은 풍족한 삶을 위해 서로 사랑하는 삶을 포기하고 살인적 경쟁 속으로 빨려 들어간다. 뼈 빠지게 일해놓고도 행복한 일상을 누리기가 어렵다. 가족과 함께하는 저녁 시간은 빼앗긴 지 오래됐다. 당연한 권리인 휴가조차 눈치를 보면서 가야 하는 상황이다. 마치 농촌의 일소처럼 아침 일찍 들에 나가 종일 밭을 갈고 저녁 늦게 축사로 들어와 하루의 고된 노동을 잠으로 잠깐 달래는 것과 비슷하다고나 할까. 시간을 지배한다기보다 오히려 시간의 지배를 받는다. 조직의 이윤을 위해 시간이 허비된다는 생각마저 든다.

그렇다고 그 많은 업무가 성취감과 충만감을 느낄 수 있게 구성된 것도 아니다. 우리가 정말 원하고 우리가 발전하는 데 꼭 필요한 본질적 업무는 외려 적다. 그보다는 이런저런 이유로 맡는 부가적 업무가 본질적 업무를 뒤흔들 때가 많다. 우리는 직장인으로서 불가피하게 떠안아야 하는 업무를 처리하면서 '내가 왜 이런 일을 해야 하나' 하고 수없이 회의하곤 한다.

어떤 이유로 이런 상황이 빚어지게 된 것일까. 아마도 많은 직장인이 조직 속에서 좌절하는 데는 그만한 이유가 있을 것이다. 일상 업무가 사회 구성원으로 살아가는 우리를 내적으로 고양시키지 못하고 영혼을 갉아먹는다는 자괴감만 부추길지도 모른다. 그렇다면 그런 일은 되도록 피하고 싶고 성가시며 부차적인 존재가 되고 만다. 일은 그저 밥벌이 수단으로 전락하고 직장은 감옥처럼 우리를 가둔다.

일을 바라보는 관점이나 자세가 이런 식으로 비하된 데는 우리 사회가 일에 대해 갖는 가치관이 영향을 준 듯싶다. 밤낮으로 '닦고 조이고 기름 치는' 것을 권장하는 사회에서 직장인들은 다람쥐 쳇바퀴 돌 듯 삶의 의미를 잃은 채 하루하루 지쳐가는 것이다. 빡빡한 스케줄 속에서 숨 쉴 공간이나 틈은 점점 줄어들고 있다. 그렇게 과도한 업무는 좋은 싫든 우리 생활을 더 촘촘해진 통제 시스템 안으로 밀어 넣고 있다 해도 과언이 아니다. 그 안에서 우리는 평지풍파만 일으키지 않으면 된다는 심정으로 적당히 처신하게 된다. 그 결과 일은 자아 실현과는 거리가 먼 잔기술의 영역으로 쪼그라든다.

이런 진단은 단순히 푸념 삼아 하는 말이 아니다. 아무리 바쁜 일상이라도 지나간 삶을 반추해볼 여유는 있어야 한다. 효율성과 속도만을 강조하는 일상에서는 이런 것들을 향유하기 어려워진다. 그래서일까. 직장인 대부분은 바쁘지만 왜 그렇게 바쁜지에 대해 근본적 의문을 생략한 채 눈코 뜰 새 없는 하루하루를 견뎌내는 데서 그치고 있다. 내 인생이 어디로 흘러가는지조차 가늠하기 어렵다. 그런데도 암울한 현실을 직시하기보다 눈을 감고 있는 이가 많다. 이제 하던 일을 잠시 멈추고 질문을 던져보자.

"과연 나는 행복한 나와 가족의 미래를 향해 방향을 제대로 잡고 있는가?"

이 책은 바로 이런 의문 속에서 쓰였다. 골리앗 같은 직장 시스템의 비위를 건드리지 않는 데만 온통 신경을 쓴 나머지 정작 자신만의 로드맵을 만드는 것을 등한시하는 이해하기 어려운 아이러니에서 깨어나야 한다. 그래야 희망이 있다. 조직 안에서 나 스스로 당당해지고 성공을 이루는 길, 그렇게 함으로써 조직도 함께 당당해지고 성공하는 길을 여러분과 함께 모색해보고 싶었다.

지금이야말로 일시 정지 버튼을 누르고 우리 일상이 우리 미래에 어떤 의미를 지니는지 물어봐야 할 때이다. 우리는 벌집 속의 벌처럼 시키는 일만 하면서 자신의 영역에서 한 발자국도 나가지 못하는 꼭두각시 같은 존재가 아니다. 우리는 우리에게 한계 지어진 낡은 울타리를 벗어나 다양한 역량을 계발할 수 있고 조직과 더불어 성장할 수 있는 귀한 존재들이다.

당신이 진정 행복한 직장인이 되려면 이런 사실을 분명히 깨닫고 몰개성과 획일주의가 지배하는 직장 생활에서 자신만의 장점을 살려나가야 한다. 구성원을 몰아붙이기만 하는 듯한 조직도 마치 공장에서 찍어낸 제품처럼 밋밋한 구성원들에게는 매력을 느끼지 못한다. 우리는 제2의 인생을 준비하는 용의주도한 개인들에 의해 조직도 성장하고 개인도 자유를 쟁취하는 시대에 살고 있다.

결국 우리가 인생에서 남다른 무언가를 이루려면 주도적 일상을 만들어나가야 한다. 해법은 멀리 있지도 않고 거창하지도 않다. 주도적 일상을 만들려면 일상과 내가 유리되지 않도록 일상에 빠져들어 혼연일체가 돼야 한다.

이를 위해서는 일에 대한 이중적 가치관을 바꿀 필요가 있다. 겉으로는 맡은 업무를 부지런히 해야 한다고 앵무새처럼 되뇌면서도 속으로는 일이란 되도록 피해야만 하는 짜증스러운 대상으로 간주하는 표리부동한 태도를 개혁해야 한다. 우리는 누구에게 보여주기 위한 선정적 몰입에서 벗어나야 한다. 성장을 통해 미래의 기회를 창출하는 몰입을 해야 한다. 이는 한정된 시간을 풍성하게 활용하는 비책과도 같다.

우리 시대 일가를 이룬 사람들은 이런 성공 패러다임을 간파한 자들이다. 그들은 몰입을 통해 성과를 만들어내는 과정을 부단히 반복함으로써 자기 존재감을 키워왔다. 또 남들 눈치를 보기보다 자신과 한 약속이나 다짐에 충실했다. 최선의 결과를 도출하기 위해 과정 자체에 자신을 내던질 줄 알았다. 한편으로는 자신을 억압하는 사회 구조적 모순에도 눈을 떴다. 하지만 여기에 집착하기보다는 자기 힘으로 바꿀 수 있는 부문에 온전히 집중했다. 직장인이라면 일에서 몰입을 통해 경력 확장을 시도해야 한다.

그런데 자신만의 힘은 본연의 업무와 유리된 일을 통해 키울 수 있는 것이 아니다. 업무에 오롯이 집중하고 나다운 정체성에 대해 꾸준히 자문하면서 자신만의 비전을 발견하려는 매우 힘든 과정을 통해 조금씩 찾아온다. 네이키드 스트렝스는 직장을 벗어던지고도 살아남을 수 있는 힘을 의미한다. 하지만 역설적으로 천직을 찾으려는 쉼 없는 노력과 집념 없이는 불가능하다는 사실을 깨달아야 한다. 점점 길어지는 전체 생을 놓고 볼 때 전반부의 삶은 조직 안에서 역량을 키우는 것에 집중돼 있다. 반면 후반부의 삶은 전반부에서 키운 역량을 바탕으로 이전과는 다른 방식으로 꾸려나가야 한다. 그런 맥락에서 우리는 여력이 될 때 네이키드 스트렝스를 가질 수 있도록 혼신의 힘을 기울여야 한다.

　나는 신문기자로서 네이키드 스트렝스를 키워 존경을 받는 사람들을 많이 만나는 행운을 누릴 수 있었다. 그들의 이야기를 여기에 적었다. 평범한 직장인이자 사회 구성원으로서 조직 내에서 할 수 있는 자아 계발, 나다운 정체성 구현, 성취와 독립에 대한 집요한 갈망 등에 대해 평소 느끼고 노력한 과정을 담았다. 현명하고 성공적인 직장 생활을 하기 위한 노하우도 담았다. 독자들이 삶과 미래를 좀 더 풍족하게 가꿔나가는 데 도움을 줄 것이라 확신한다.

　아무쪼록 이 책을 통해 자극을 받고 각자 일상을 더욱 담금질하기를 기원한다. 누구도 침범할 수 없는 자기만의 시간을 확보해 자신의 미래를 담보할 수 있는 '필살기'를 예리하게 다듬기를 바란다. 또 자신에게 좀 더 즐겁고 의미 있는 일에 시간을 더 많이 투자하기를 희망한다. 그렇게 노력하다 보면 일상의 긴급한 일거리에 파묻혀 진짜 성공을 좀먹는 우를 범하지 않을 것이다.

　아울러 업무 시간 이후도 흥청망청 소모하지 말고 가정으로 돌아가 아내와 아이들과 소소한 일상을 꾸리기를 바란다. 그래서 내가 삶으로써 가정도 화목하고 조직도 발전하기를 기대한다. 그리고 무엇보다 당신이 진정으로 자유롭기를 진심으로 기원한다. 궁극적인 의미에서 최고의 나는 무리 속 비교와 경쟁이 아니라 혼자만의 시간을 통해 발견된다. 각성하고 노력하자.

2013년 3월 이상훈

# Contents

## 1장

# 내실을 키워라

# 1. 충실의 시대

## 더 높은 차원에서 일상을 재편하자

일리아 프리고진Ilya Prigogine은 '소산 구조dissipative structures' 이론으로 노벨 물리학상을 수상한 저명한 물리학자다. 소산 구조의 뼈대를 설명하면 이렇다. 인류 문명에 이르는 모든 복잡계complex system, complexity system, 複雜系는 구조 수준이 불안정해지는 어떤 지점에 도달하게 된다. 그 후 이 시스템들은 소산消散, 즉 흩어져 사라진다. 낡은 시스템이 붕괴할 때 과거의 결정론에서 벗어나 더 나은 방식으로 자신을 재구성할 수 있다. 프리고진은 이러한 사건을 '더 높은 질서로의 탈출escape to the higher order'이라고 명명했다.

이 이론은 바로 우리 직장인들이 서 있는 역사적 지점과 관련해 통찰력을 부여한다. 우리가 마주하는 변화들은 당장에는 혼란스럽고 불안하며 위협적이기까지 하다. 하지만 이를 잘 활용하면 우리 안에 잠재한 거대한 가능성을 여는 서막이 될 수도 있다.

현대인들에게 직장이라는 개념은 큰 변화를 거쳐왔다. 일에 대한 패러다임이 갈수록 상품 생산에서 서비스 제공으로 옮겨감에 따라 일 자체에 대한 정의도 새롭게 바뀌고 있다. 평생학습과 고차원적 사고의 필요성이 커지는 동시에 조직 내에서 살아남기 위한 생존 경쟁도 더욱 치열해지고 있다. 이제는 '직위가 무엇이냐'보다 '할 줄 아는 것이 무엇이냐'가 더 중요하다는 뜻이다.

정년이 보장되는 시절에는 오직 한 곳만을 바라보는 해바라기 같은 헌신이 으레 따라왔다. 하지만 이제는 직장에 대한 관점 자체가 바뀌었다. 직장은 개인이 자신의 경력을 쌓기 위해 여러 동료와 함께하는 공간, 동반성장하는 파트너로서 인식되고 있다. 그래서 많은 자기 계발 전문가들이 직장에 충성하기보다 자신에 충실할 것을 강조한다. 우리 사회에서 직장과 개인 간의 관계가 좀 더 수평적이고 상호의존적인 방향으로 설정되기 때문이다. 누가 시키지 않아도 열심히 일하는 것은 자신의 능력을 키우기 위해 몰입하는 과정에서 내적 만족감을 얻고 경력도 확장시키려는 지극히 개인적인 의도에 따른 것일 뿐이다. 조직을 위해 밀알이 되겠다는 각오에서 우러나온 거룩한 행위는 아니라는 뜻이다. 이제 당신의 유일한 고용주는 바로 당신 자신이다. 당신은 '나'라는 이름의 사업체라고 할 수 있다. 당신이 지금 하는 일도 평생에 걸쳐 쉼 없이 변하는 가치관과 흥미 등에 따라 과거의 직업에 불과하게 될 상황이 올 수도 있다.

그럼에도 너무나 많은 사람이 아직 직장은 어쩔 수 없이 충성해야만 하는 상위의 객체라는 미몽에 빠져 있다. 이런 관념은 진정한 성장을 꿈꾸는 개인들이 아니라 조직 내 자생하는 여러 암투와 권력관계 속에서 생존하려는 개인들이 유포하는 거짓된 환상에 가깝다. 스스로 발전하기 위해 노력한 결과 조직에도 플러스가 돼 경쟁력을 제고시키는 인재를 최고로 대우해준다. 우리 직장인들은 거짓된 조직 논리에서 벗어날 필요가 있다.

조직에 충성하는 것은 인간 본성에 가깝다. 독립해 있기보다는 무리를 짓는 것이 생존에 그만큼 유리하고 그런 면에서 모난 정이 되기보다 둥글둥글하게 조직에 순치되는 것이 여러 면에서 수월하다.

하지만 충성이라는 것은 보이는 것이 아니다. 그 때문인지 말로 이런 것을 강조하는 사람치고 궁극적으로 회사에 플러스가 되는 방향으로 소신껏 일하는 사람은 드물다. 결국, 충성은 직장에서 생존하기 위해 남에게 보이기 위한 일종의 생존 수단일 수는 있어도 진실성을 담고 있지는 않다. 애사심만큼 허망한 요구도 없다. 사람들이 회사에 입사해 일하는 것은 자신과 가족을 위해서다. 회사를 사랑해서가 아니다. 나와 내 가족의 행복을 지키려면 회사에서 살아남아야 하고 회사가 발전해야 내 생활도 윤택해진다는 믿음이 있기 때문에 열심히 일하는 것뿐이다.

이런 식으로 회사와 자신이 운명공동체라는 사실을 인식할 때 비로소 애사심이 싹트는 것이다. 진정한 비전이란 조직 구성원들의 운명공동체 정신을 일깨울 수 있어야 한다. 회사의 발전이 곧 나의 발전이라는 이기심이 충족되지 못하면 모든 직원이 한 곳을 바라보며 나아가는 것을 기대하기는 어렵다. 직장에서 충성을 찾는 것은 나무에서 물고기를 구하는 것에 가깝다는 얘기다. 충성하되 더 높은 차원의 충성을 해야 한다.

조직 속에서 자신만의 길을 찾으려는 탐색을 게을리해서는 안 된다. 그러기 위해서는 자신의 업무에 집중하면서 자신의 가능성을 매 순간 시험해야 한다. 한 인간의 잠재력은 시련의 들녘에서 발화되고 예리하게 벼려진다. 그런 개인이 모인 조직이 발전하는 것이 우리 시대의 특징이다.


## 자기보전 욕구를 불 지펴라

충성이라는 화두를 꺼낸 것은 새삼스럽게 직장에서 충성스러운 직장인을 기대하지 말 것을 강조하기 위함이 아니다. 충성이라는 말과 대척점에 서 있는 '개인주의'라는 개념을 옹호하기 위해서다.

나는 신문기자로서 일하면서 책을 여러 권 냈다. 사람들은 내게 재미있는 반응을 보였다. 그중 하나가 바로 "책을 쓰면 회사에서 좋아하나요?"라는 질문이었다. 이 질문은 "일하면서 책을 쓰는 것 자체를 회사에서 문제 삼지 않는가. 책 쓸 시간에 일하라는 식으로 상사들이 말하지 않는가."라고 풀어쓸 수 있을 듯싶다.

나는 이런 질문을 들으면 속으로 웃고 만다. 내가 스스로 발전을 위해 책을 쓰는데 왜 회사의 눈치를 봐야 하는지 이해할 수 없다. 또 이런 내 마음을 일일이 설명하기도 거추장스럽기 때문이다. 또 이런 질문에는 책을 쓰기 때문에 회사 일에 더 충실하지 못했을 것이라는 지레짐작이 들어가 있다. 잘못된 생각이다.

사람들이 보인 이런 반응은 '시간의 아이러니'와 관련돼 있다. 시간은 열심히 자신을 활용하려는 사람에게는 무한정 자신을 내놓는다. 하지만 자신을 귀하게 여기지 않고 탕진하는 무지렁이한테는 그 어떤 것도 내주지 않는다. 직장 업무에 충실한 사람이 책을 쓸 수 있지, 책을 쓰기 위해 업무를 소홀히 하는 사람은 책을 쓸 능력이 없다. 그래서 나에게 그런 질문을 던진 사람들에게 정말 죄송한 말이지만 우문도 그런 우문이 없다. 그들은 책을 쓸 만큼 무언가에 매진해본 적이 없어서 그런 질문을 던지는 것이다.

우리에게 필요한 것은 조직에 관한 고상한 설교가 아니다. 우리는 조직 속에서 발전을 꾀하며 자신의 자유와 권리에 대해 극도로 민감한 태도를 보이는 개인을 긍정할 줄 알아야 한다. 조직에서 뛰어난 성취를 이루며 최고의 자리에 오른 이들은 개인의 본능에 가까운 자기보전 욕구를 자극하고 후원해왔다.

M&A 전문가, 마케팅 귀재, 미다스의 손이라는 수식어가 붙는 차석용 LG생활건강 대표가 대표적이다. 숱한 기업 CEO 가운데에서도 타고난 능력가로 평가받는 차석용 대표가 지난 2005년 취임 직후 직원들에게 강조한 말이 바로 "정시에 출근하고 정시에 퇴근하라"는 것이었다. 그의 말은 단순한 립서비스 차원이 아니다. 윗사람 눈치 보느라 밤늦게까지 남아서 일하는 사람은 무능하다는 지론에 근거한 것이었다.

"회사에 100퍼센트 투자하는 사람은 회사를 망치는 사람이다. 누구나 자기 계발에 50퍼센트는 투자해야 한다."

평소 차석용 대표는 그렇게 말할 정도로 회사에 무조건 충성하기보다는 끊임없이 자기 계발에 매진할 것을 강조한다. 그래서 LG생활건강 직원들은 오전 8시와 9시 중 편한 출근 시간을 선택한 뒤 오후 5시와 6시로 나눠 퇴근한다. 물론 시행 초기만 해도 모두 어색하고 적응이 되지 않았다. 그러나 차석용 대표가 직접 오전 7시 30분에 출근해 오후 5시 30분이면 퇴근하는 솔선수범을 보이면서 조기 출퇴근제가 점차 정착돼갔다.

물론 일이 많을 때는 야근이 필요할 수도 있다. 그러나 회사가 평소에 직원 스스로 자신의 관심 분야에 투자할 수 있는 여건을 마련해줘야 결과적으로 업무의 발전을 도모할 수 있다. 직원 개개인이 여유 시간에 자신의 관심 분야에 투자함으로써 회사 업무에 활력을 가져온다. 더 나아가 업무에 필요한 혁신적 아이디어를 얻을 기회도 잡을 수 있게 된다.

차석용 대표는 평소 골프도 치지 않고 회사 내부 사람과 특별히 식사하는 것 같은 일정이 거의 없는 것으로도 유명하다. 그는 주말이나 평소에 시간이 나면 매장을 둘러보며 문제점을 찾거나 시내 번화가에서 현재 유행하는 트렌드 등을 유심히 살펴보고 아이디어를 얻는다. 또 독서를 통해 최신 경영에 대한 노하우를 습득하는 것에도 관심을 기울인다. 대표부터 이런 행동양식을 보이다 보니 아랫사람들도 지나치게 상사의 눈치를 보면서 사내 정치게임에 몰두하는 식의 행동에서 벗어나게 된다.

개인의 발전을 장려하는 문화 속에서 조직도 발전하는 것이다. 멀리 볼 것도 없다. 개인의 영역을 없애고 모든 것을 조직의 범주에 밀어 넣었던 전체주의 국가들은 모두 나락으로 떨어졌다. 개인의 잠재력을 최대한 발휘하게 함으로써 전체의 발전을 밀어 올렸던 조직과 국가만이 살아남아 번창했다. 이 때문에 인간과 인생에 대해 노련한 CEO들은 구성원의 자아 계발을 적극 지원한다. 개개인의 발전을 통해 조직이 발전한다는 것을 경험을 통해 알고 있기 때문이다. 개인으로 하여금 건강한 긴장 상태를 유지하게끔 하는 여건과 문화가 있어야 한다. 그렇지 않으면 겉으로는 아무리 멀쩡한 것처럼 보여도 그 직장에서 일하는 개인은 에너지와 역동성을 상실한 채 무기력한 인간으로 전락하기 쉽다.

개인의 발전을 위한 시간을 인정하지 않는 조직에서는 결국 번잡한 생활을 통해 자아로부터 도피하려는 사람만 득실거리게 된다. 물론 무리와 섞여서 배우는 것도 적지 않다. 하지만 어울림을 통해서 터득한 것과 자신과 독대하는 시간 속에서 뽑아낸 것은 본질에서 다르다. 앞엣것은 사회 생활을 부드럽게 끌고 가는 데 요긴한 윤활유와 같다. 뒤엣것은 삶을 불태우는 데 반드시 필요한 연료와 같은 것으로 볼 수 있다. 그래서 개인은 안중에도 없는 조직은 세상의 이해관계와 시비에 함몰된 채 세상을 살아가기 위한 간교한 노하우만을 키우려는 사람들로 채워질 가능성이 크다. 자신이 신성한 존재라는 사실을 인식하고 노력하는 진정한 인재는 찾기 어려워진다는 뜻이다.

『개인이라 불리는 기적』이라는 통찰력이 빛나는 책을 집필한 박성현 씨는 이렇게 말한다.

"자아가 잠재성을 꽃피우지 못하고 시들어 버리는 상태가 되는 것은 에너지가 부족하기 때문이 아니다. 이런 사람에게 부족한 것은 삶의 필연성에 복종할 수 있는 능력, 혹은 자신의 특질과 한계에 복종할 수 있는 능력이다. 이런 사람들은 세상에서 그럴듯한 존재로 자리매김할 수 있을지는 몰라도 자기 자신을 결코 알지 못한다."[1]

만약 자신의 발전을 꾀하는 직장인들을 옛날 관점에서 이기적 직장인이라고 한다면 요즘 관점에서는 '프로페셔널'이라고 할 수 있을 것이다. 자기 외부에서 자신의 준거 기준을 찾지 않고 오직 자기 내부에서 기준을 찾는 사람들이다. 오직 자기 양심에 비춰 온 힘을 기울이는 것이다. 그들은 조직 생활을 통해서 단련됐다. 그 과정에서 자신만의 분야를 개발하고 투자하는 노력을 게을리하지 않는다. 그러면서 조직 생활을 통해 배운 것을 오롯이 자신의 것으로 만든다. 조직의 입장에서 보면 그들은 이기적인 모습으로 비칠지도 모른다. 하지만 조직의 생산성에 이바지하는 사람들은 결국 그들이다. 그들은 조직에 해가 되기는커녕 그 성장에 일등 공신 역할을 한다.


## 하루하루를 다르게 살아라


업業에 충실한 이들은 현재의 직장에서 자신의 정체성을 찾지 않는다. 신문기자로 치면 어떤 회사의 기자로서 자신을 생각하는 것이 아니라 업 그 자체로 자신을 바라본다. 자신을 큰물에다 옮겨놓았기 때문에 스스로 발전해야 살아남는다. 업에 충실한 만큼 조직이 자신에게 원하는 수준에서 일을 해치우는 것이 아니라 기자로서 사명감에 따라 한계가 없는 노력을 다하고자 한다.

『프로페셔널의 조건』이라는 책으로 유명한 피터 드러커는 현대 경영철학의 구루(영적 스승)로 불린다. 그는 자신이 어떻게 평생에 걸쳐 방대한 지식을 쌓을 수 있었는지에 대해 다음과 같이 설명한다.

"나는 3년 또는 4년마다 다른 주제를 선택한다. 그 주제는 통계학, 중세 역사, 일본 미술, 경제학 등 매우 다양하다. 3년 정도 공부한다고 해서 그 분야를 완전히 터득할 수는 없겠지만, 그 분야가 어떤 것인지를 이해하는 정도는 충분히 가능하다. 그런 식으로 나는 60여 년 동안 3년 내지 4년마다 주제를 바꾸어 공부를 계속해오고 있다. 이 방법은 나에게 상당한 지식을 쌓을 수 있도록 해주었을 뿐 아니라, 나로 하여금 새로운 주제와 새로운 시각, 그리고 새로운 방법에 대해 개방적인 자세를 취할 수 있도록 해 주었다."[2]

자신이 조직에 매여 있든 독립 에이전트로 활동하든 간에 이제 제일 중요한 것은 학습력이다. 무엇을 배우고자 하는 열의가 없으면 안 된다. 첨단 기술은 나날이 발전하고 학문과 분야 간 통섭과 융합이 가속화되고 있어 새 트렌드를 익히려면 항시 미흡한 부분을 배워나가야 한다. 자신이 앞서 가는 분야도 수시로 지식을 업데이트할 필요가 있다. 겸손한 마음으로 일신우일신日新又日新의 자세를 실천하지 못하면 금세 도태될 수밖에 없는 것이 전방위 경쟁에 노출된 요즘 세상의 현실이다. 실제로 정상과 파산 사이에서 그 시차는 갈수록 줄어들고 있다.

단적인 사례로 150년 역사를 자랑하는 아그파필름을 꼽을 수 있다. 아그파 필름은 디지털 시대의 도전에 성공적으로 응전하지 못하고 파산했다. 아그파필름이 매출과 순이익 기준으로 정상에 오른 해가 2001년이다. 파산한 해는 2005년이다. 정상과 파산 사이의 시차가 고작 4년에 불과하다. 우월감과 안주의식에 젖어 환경 변화와 시대의 도전에 제대로 응전하지 못하면 망하게 된다는 사실을 보여주는 셈이다.

이런 일에 직면하지 않기 위해서 직장인들이라면 자투리 시간을 활용하는 것이 중요하다. 하루는 24시간이다. 매일 업무에 쫓기는 것은 늘 마찬가지다. 그런 만큼 죽은 시간을 살리기 위해 최선을 다해야 한다. 자신에게 소중한 일이라면 어떻게든 만들 수 있다. 나 같은 경우는 지식 수혈을 위한 독서 시간을 확보하는 것이 실력 향상의 관건이었다. 내게는 지하철 출퇴근 시간과 새벽 시간이 황금 시간대이다. 이 시간만 잘 활용해도 적어도 하루에 서너 시간을 책을 읽는 데 사용할 수 있다.

출퇴근 시간은 마음먹고 독서를 하는 데 최고의 시간이다. 지하철 안이 너무 번잡한 시간대를 피하기만 하면 이보다 책을 읽기에 좋은 조건도 드물다. 내 출퇴근 시간은 편도로 50분 정도 걸린다. 멍하니 있으면 지루하기 짝이 없는 시간이다. 그런데 책을 읽으면 집중하기에 딱 좋다. 읽는 분량도 30~40페이지선으로 적당한 수준이 된다. 특히 이 시간을 허무하게 흘려보낸다는 것은 오롯이 나만을 위해 쓸 수 있는 시간을 낭비하는 것과 같다는 절박감이 들어 독서에 더욱 몰입한다.

이제 직장은 소속원을 예전처럼 안아주지 않는다. 직장인은 회사에 소속돼 있을 때 남은 인생의 후반부를 준비해야 한다. 스스로 자신의 정체성을 새롭게 확립하고 더 많은 관계 속으로 자신을 확장시켜나가야 한다. 인생의 진로를 스스로 도모해야 할 중요한 시기에 자투리 시간마저 놓치면 정말 희망이 없다. 이런 인식이 서면, 지하철 안에서 스마트폰으로 무의미한 웹서핑을 하거나 게임에 몰두하는 일은 자연스레 줄거나 없어지게 된다.

새벽도 나 자신과 독대를 하기 위해서 꼭 붙잡는 시간이다. 이 시간은 영혼이 제일 경건해지고 영성도 제일 빛나는 때여서 맑은 정신으로 책과 대면할 수 있다. 나는 같은 이유 때문에 집필 시간도 새벽을 선호한다. 아무래도 저녁이나 밤에는 낮 업무의 여파가 밀려와 머리 회전도 둔해지고 생산성도 떨어질 수밖에 없다. 그래서 새벽에 능률적으로 일 처리를 하기 위해 잡무 같은 것은 되도록 저녁에 끝낸다.

글을 끌고 나가는 데 도움이 되는 아이디어를 평소에 메모해 두는 습관도 생겼다. 모두 경험으로 체득한 나만의 노하우로써 새벽의 효용성을 극대화하려는 조치들이다. 이 자투리 시간을 잘 활용하는 습관이 5~6년 이상 축적되면 남들이 상상도 못하는 성과를 덤으로 올릴 수 있다. 내가 여태껏 낸 책들도 모두 자투리 시간을 활용한 덕분에 나올 수 있었다.

숨은 시간을 허투루 쓰면서 무엇인가 대단한 것을 도모하기에는 시간이 부족하다고 말하는 것은 이율배반적 행동이다. 무엇이든지 급하게 단기에 승부를 보려는 습성은 자투리 시간을 귀하게 여기지 않는 태도를 낳을 수 있다. 하지만 자신의 삶을 성공적으로 살아가는 사람들은 5년이나 10년 동안 할 수 있는 일을 제대로 평가하고 준비한다. 그리고 이를 토대로 하루를 전혀 다르게 살아간다.

피터 드러커는 지식근로자는 자신이 스스로 설정한 기준에 따라 성장한다고 말했다. 자신이 이루고자 하는 기준을 낮게 잡으면 그 사람은 더는 성장하지 못한다. 만약 자신이 이루고자 하는 목표를 높게 잡으면 그 사람은 위대한 존재로 성장할 것이다.

자기 계발 전문가 구본형 씨도 직장에서 일할 때 하루 두 시간은 절대로 양보할 수 없는 시간으로 떼어두었다. 투자가 없으면 미래도 없다고 생각하고 시대에 뒤떨어지지 않기 위해, 스스로 끊임없이 진화하기 위해 미래에 투자했던 것이다. 돈을 모으기 위해서는 일단 저축부터 하고 소비해야 한다. 마찬가지로 시간도 같은 방식으로 관리해야 한다. 말하자면 먼저 '자기 계발 계좌'로 두 시간을 자동이체해놓고 나머지 스물두 시간으로 생활하는 식이다.

구본형 씨는 어떤 식으로든 '하루 두 시간을 자기 계발을 위해 사용하겠다'는 자기와 약속한 것을 혹독하리만큼 지켜나갔다. 그랬기 때문인지 그는 습관이 단순히 의지의 문제만은 아니라고 말한다. 끊임없는 반복을 통해 얻게 되는 노력의 결과이기도 하다는 것이다. 일종의 '근육 키우기'와 흡사하다고 할까. 하나의 목표를 달성할 때까지 끈기 있게 밀고 나가야 하고 집중해야 한다. 그러면 이런 것들이 점차 습관이 돼 의지력이 작용할 여지가 줄어든다.

오랫동안 하나의 일에 집중하다 보면 그 분야의 문리文理를 터득하게 된다. 그건 마치 눈꺼풀이 하나 벗겨지면서 전에는 보지 못했던 것을 보는 것과 같다. 차원이 달라지면서 뭘 알게 되는 것이다. 이보다 더 좋은 보상은 없다. 한번 뜨면 9만 리를 날아 땅끝까지 간다는 붕새처럼 끝까지 가봐야 한다. 땅을 박찬 붕새는 앉지 않는 것이 아니라 앉지 못한다고 한다. 활강에 필요한 바람과 날씨가 흔하지 않을 뿐더러 앉았다가 다시 뜨는 데 드는 에너지가 너무 많기 때문이다. 이게 아니면 안 된다는 결기 어린 각오로 붕새처럼 날아야 한다. 그래야 하나의 세계를 깨고 새로운 세계를 열어젖힐 수 있다.

# 2. 일단 시도하라

## 첫걸음의 중요성

세상에는 두 부류의 어리석은 사람들이 있다. 하나는 모든 조건이 완벽히 맞아떨어질 때까지 기다리느라 결국 아무것도 하지 못하고 시간만 보내는 사람이다. 또 다른 하나는 앞뒤 재보지도 않고 무작정 일을 벌이기만 할 뿐 제대로 마무리를 짓지 못하는 사람이다.

가장 좋은 것은 양 극단의 절충점을 찾는 것이다. 하지만 둘 중 하나만 선택하라고 한다면 일단 일을 저지르는 편이 낫다고 생각한다. 안정감에 최우선을 두는 삶은 몸은 편할지 몰라도 항상 흘려보낸 꿈의 지배를 받게 된다. 몸은 여기에 있어도 마음은 다른 데 가 있는 경우가 생기는 것은 바로 이 때문이다. 꿈을 포기한 삶은 무기력하고 슬프다. 실패하더라도 자신의 꿈을 향해 세상의 벽과 부딪치며 온몸으로 충격을 느껴보는 삶이 진정한 인생이다. 순탄하고 안전한 길만을 찾아다니는 사람은 조그만 시련이 닥쳐도 견디지 못하고 쓰러지기 쉽다. 직장인이라면 리스크를 단계적으로 낮추면서 경력의 큰 그림을 그려나갈 수 있다(여기에 대해서는 추후 자세히 언급하겠다). 일단 자신이 바라는 인생에 대해 큰 그림을 설정하라. 그리고 그다음 가장 중요한 것은 그 목표를 향해 첫걸음을 떼야 한다는 점이다.

여기에서 정말 유의해야 할 점이 하나 있다. 바로 열심히 하되 조급증을 경계해야 한다는 것이다. 물론 조급증은 긍정적 측면이 있다. 조급증은 정신적으로 마냥 늘어지는 것을 피하고 시기를 정해 목표를 실현해나가는 데 필요한 불쏘시개 또는 추진력이 될 수 있다. 하지만 조급증이 정도를 넘어서면 당사자로 하여금 당장 나타나는 성과에 연연하도록 한다. 그럼으로써 어떤 성과가 나타나기 전에 축적해야 하는 인내의 시간을 견뎌내기 어렵게 만든다.

특정 분야에서 일가를 이룬 사람들은 예외 없이 집념과 몰입의 화신들이다. 부단한 노력, 헌신, 집중을 반복했다. 그 결과 임계점에 도달해 질적 비약이 이뤄질 때까지 쉬지 않고 자기 길을 간 사람들이다. 그것은 자신이 처한 환경에서 자신에게 내재된 열정과 에너지를 폭발시킬 수 있게 만드는 동기를 찾는 노역이기도 했다.

이런 점을 제대로 인식하지 못하면 그 결과는 뻔하다. 제 능력을 회의하고 자신을 비하하며 더 나아가 성공은 으레 잘난 사람들이나 하는 것으로 생각하기 쉽다. 성공을 자기 삶의 영역에서 배제해버리는 것이다. 제풀에 스스로 나가떨어진다는 것은 이런 것을 두고 하는 말일 테다. 이런 정신 상태로는 진득하게 경력을 계발해나갈 수 없다. 성과는 열심히 내공을 닦은 끝에야 자신의 빛나는 어깨선을 슬며시 드러내는 법이다. 조급증이 있는 사람은 그런 황홀한 순간을 맞이하기도 전에 절차탁마의 단계에서 그만 엎어지고 만다.

개인적 경험으로 봐도 그렇다. 내가 처음으로 쓴 책은 『탐욕의 제국, 미국 경제의 진실』이다. 미국의 서브프라임모기지발 금융위기를 다룬 책이다. 경제위기를 초래한 원인을 구조나 시스템에 천착해 분석했다. 나로서는 혼신을 기울였지만 초판 인쇄에 그쳤다. 물론 흥행하지 못했다고 별 볼 일 없는 책으로 치부할 어떤 근거도 없다. 그러나 순전히 판매라는 관점에서만 보면 유쾌한 엔딩이 아니었던 것만은 사실이다. 그래도 나로서는 무척이나 소중한 책이다. 작가로서 마수걸이 작품이기 때문이다. 집필 과정이 너무 버거웠다. 용케 작품을 끝내고도 출판사 잡기가 어려웠다. 모든 것이 첫 경험이라 신천지를 밟는 기분으로 단계 단계를 거쳤다. 결과만 놓고 훈수를 두려는 사람들은 고작 그 정도 하려고 몇 달이나 잠도 제대로 못 자고 생고생을 했느냐고 말했다. 그 책을 한창 집필 중일 때는 이런 말도 들었다.

"너 요즘 밤에 뭐 하냐. 얼굴이 허옇게 떠가지고는……."

이런 속 모르는 말을 석 달 가까이 수시로 들어야 했다. 사실 눈에 보이는 결과만 놓고 보면 틀린 말도 아니다. 그러나 내가 그 책에 들인 공을 생각하면 고작 초판 인세 정도에 견줄 것은 아니다.

나는 새벽형 인간이다. 초저녁잠이 많고 새벽에는 자연스럽게 눈을 뜨는 스타일이다. 책을 쓸 때는 더 일찍 일어나 새벽 한두 시, 늦으면 두세 시가 기상 시간이 됐다. 이제는 이것이 버릇이 돼 집필 기간이 아니어도 그쯤 일어나 책을 보거나 두세 시간 꼬박 글을 쓴다. 글이 잘 풀리는 날에는 아침까지 내쳐 달리기도 한다. 그런 식으로 두세 달이 흐르면 한 권 분량의 원고가 완성된다. 물론 그 전에 몇 달간 자료 조사를 하지만 집필 기간만 놓고 보면 그렇다. 전날 야근을 하든 술을 먹든 어떤 일이 있더라도 하루에 A4용지 한 장 이상은 반드시 쓴다는 원칙을 정해서 밀고 나갔다. 이제 이것은 내게 제2의 천성처럼 자리를 잡았다.

하지만 첫 번째 책은 여러모로 미흡했다. 책의 주제도 너무 광범위했다. 주제를 풀어가는 방식도 세련되지 못했다. 독자의 흥미와 지적 욕구를 잡아끌기에는 역부족이었고 아쉬운 점이 많이 남았다. 그래도 나는 너무 행복했다. 내 이름이 표지에 박힌 책을 보는 순간, 신문 기자와는 또 다른 차원의 삶에 뛰어들었다는 느낌이 들었기 때문이다. 이제는 고군분투하는 사람들 옆에서 팔짱을 낀 채 이러쿵저러쿵하는 부류에서 탈피한 것 같았다. 나 스스로 느끼고 행동하면서 배우고 성장하는 사람으로 거듭났다는 자부심이 내 안에서 꿈틀거리기 시작했다.

남들은 몰랐을 것이다. 내가 책의 흥행 성적과 상관없이 이미 성공으로 가는 첫 테이프를 끊었으며 '확장된 업'의 다리를 놓기 시작했다는 것을 말이다. 그 책을 시작으로 나는 주기적으로 일 년에 한 권 이상 써내는 작가가 됐다. 지금까지 내 책은 다섯 권(이 책을 포함하면 여섯 권)이고 전자책으로만 출판된 한 권을 합하면 여섯 권이다. 국내 IT산업을 주제로 외국에서만 출판된 책까지 합하면 일곱 권이다. 그만큼 시작이 중요하다.

## 도전을 통해 기쁨과 자존심을 깨워라

성공하는 사람들은 생각 언저리에서만 맴돌다 행동으로 발걸음을 떼지 못하는 부류가 아니다. 그들은 각오가 서면 죽이 되든 밥이 되든 칼을 뽑아 무라도 잘라야 직성이 풀린다. 이런 사람들이 삶을 적극 개척하면서 남보다 앞서 가는 것은 세상의 이치이다.

교보생명을 창립한 고故 신용호 회장은 1917년 전남 영암 월출산 기슭에서 6남 중 5남으로 태어났다. 집안 형편상 초등학교도 제대로 다니지 못한 그였지만 배움에 대한 열망만은 대단했다. 배우면서 일하고 일하면서 배운다는 모토로 열심히 배우고 익혔다. 그는 억울하다고 분하다고 한탄만 해서는 달라지는 것이 없다는 점을 경험에서 체득했다. 현실에서 무언가를 얻으려면 먼저 각성해야 했다. 분연히 털고 일어나야 작은 변화의 싹이라도 틔울 수 있음을 알았다. 그런 실천력을 가졌기에 후일 세계 최초로 교육보험을 만든 교보생명의 전신 격인 대한교육보험을 설립할 수 있었다.

신용호 회장이 평소 자주 하던 말에도 그의 강하면서도 담백한 성품이 그대로 드러난다. 그는 "세상에는 '거저'와 '비밀'이 없다"는 것을 항상 강조했다. 모든 일에는 비용이 따르고 조직은 거짓이나 비밀 없이 투명해야 한다는 것을 경영 원칙으로 삼은 것이다. 그는 성과가 스스로 노력한 만큼 돌아온다는 점을 특히 강조했다. 욕심과 욕망에 눈멀어 게으른 돼지처럼 호의호식하는 것을 경계했다. 우리는 장사하는 사람이 고객을 가장 무서워해야 하듯이 뜻을 세우려는 사람은 맨손으로 생나무를 뚫겠다는 의지를 날카롭게 다듬어야 한다는 점을 신용호 회장에게서 배울 수 있다.

걸출한 영국의 문필가였던 토마스 칼라일Thomas Carlyle도 "길을 가다가 돌이 나타나면 약자는 그것을 걸림돌이라고 말하지만 강자는 그것을 디딤돌이라고 말한다"고 갈파했다. 결국, 의지에 불을 지펴 뜻한 바를 이루기 위해 도전하고 또 시도해야 한다는 것이리라.

정말로 하고 싶은 일이 있다면 주저하지 말고 일단 시도해야 한다. 첫술에 배부르리라고 생각하지 마라. 가다 보면 훌쩍 성장한 자신과 만날 것이다. 생각지도 못한 또 다른 길이 보일 것이다. 첫걸음을 딛기도 전에 결과부터 예단하는 것도 좋지 않다. 자신의 삶을 바꾸고 싶은 사람들이 흔히 저지르기 쉬운 잘못이 있다. 그것은 많은 변화가 있어야만 삶이 달라지리라고 생각한다는 점이다. 그런 생각이 오히려 한계가 돼 그 사람을 옴짝달싹 못하게 만든다.

이와 관련해 미국 하버드 대학교의 마크 알비온Mark Albion 교수는 20년에 걸쳐 야심 찬 프로젝트를 실시한 바 있다. MBA 졸업생 1,500명을 두 그룹으로 나누는 것이 바로 그것이었다. A그룹은 먼저 돈을 열심히 벌어 돈 걱정을 해결한 뒤 그들이 하고 싶은 일을 하겠다는 사람들이 선택할 수 있게 했다. B그룹은 처음부터 관심 있는 일을 즐겁게 하다 보면 돈은 자연스럽게 따라올 것으로 생각하는 사람들이 선택할 수 있게 했다. 그랬더니 A그룹을 선택한 사람은 졸업생 대다수인 1,245명으로 83퍼센트였고 B그룹을 선택한 사람은 고작 255명으로 17퍼센트에 불과했다.

20년이 흐른 뒤 과연 어떤 그룹에 속한 이가 성공을 했을까. 1,500명 중에서 101명의 억만장자가 나왔다. 그들 가운데 단 한 명만

이 A그룹에서 나왔을 뿐이고 나머지 100명은 모두 B그룹 출신이었다. 이는 무엇을 말하는가. 나는 결과에 집착하기보다 일을 해내겠다는 열정으로 남보다 앞서 시동을 거는 것이 중요하고 결국 그렇게 하는 사람이 이긴다는 사실을 보여준다고 생각한다.

그라민 은행의 설립자로 자립을 통한 빈민구제라는 업적을 남긴 무함마드 유누스 총재도 처음부터 거룩한 사명감으로 이 일을 시작한 것은 아니다. 더구나 결론을 염두에 두고 각본대로 움직인 것도 아니다. 그가 역사에 이름을 남긴 데 비해 그 발단은 사실 무척이나 단순했다. 열심히 일하는데도 사채업자에게 빌린 고작 27달러의 돈을 갚지 못하는 바람에 경제적 노예로 살아가는 몇 사람을 자신의 돈으로 구해준 것이 그 시작이었다.

비폭력 평화 투쟁의 대부 간디도 애송이 변호사 시절의 경험을 시작으로 역사를 만들어갔다. 유색인종이라는 이유로 열차의 일등실에서 쫓겨나야 했던 부당한 차별에 항거하면서 일신의 평안을 추구하던 자신의 삶 한쪽에 자리했던 일종의 사명감 같은 것을 발견하게 된다.

대단한 성공은 처음부터 거창한 목표를 두고 일을 추진한 결과가 아니다. 성공한 이들은 너무나 신경이 쓰여서 당장 하지 않고는 배기기 어려운 일들부터 시작하는 경우가 대부분이다. 집중력을 잃지 말고 일상의 현실에 뿌리를 박아야 함은 기본 중의 기본이다. 그리고 자신의 안목과 본능을 믿어야 한다. 주위에서 동의해주느냐가 중요한 것이 아니다. 일단 당신이 원하고 이거다 싶은 것부터 시작해보는 것이다. 효과가 있다면 계속하라. 효과가 없더라도 그 일이 자신에게 기쁨과 자존심을 일깨워준다면 계속해나가라. 방법을 조금씩 바꿔가면서 말이다. 첫 시작이 얼마나 어려우면 '시작이 반'이라는 말까지 생겼을까. 실제로 비행기의 연료도 이륙할 때 전체의 30퍼센트가량이 소모된다고 한다. 그만큼 첫 비상이 힘든 것이다.

일단 시도하는 것이 중요한 이유는 이 경험이 일종의 영적 체험을 접할 기회를 제공해주기 때문이기도 하다. 자기가 꿈꿔오던 시도를 한다는 것은 자기 자신과 흉금을 트고 대화하는 행위와 본질상 똑같다. 나는 책의 집필 시간인 새벽에 내 생각과 독대하는 경험을 한다. 모든 생명체가 잠든 시간에 나와 내 꿈이 교감하는 것이다. 이런 순간은 영적으로 굉장히 고양될 수밖에 없다. 이때는 나보다 더 거대한 어떤 존재와 진정으로 연결된 기분을 느낀다. 그런 느낌은 당사자로 하여금 최선의 삶을 살도록 힘을 북돋운다.

이런 영적 체험을 하게 되면 우리의 바쁜 일상이 의미로 가득 차 있다는 믿음을 갖게 된다. 자기 내면과 나누는 깊은 교감을 통해 나 이외의 주위 사람이나 생명체를 좀 더 이해하게 되면서 긍정적 관점으로 바라보게 되는 것이다. 인생의 의미에 대해 남다른 관점을 갖게 되는 것을 뜻한다. 좀 더 보람찬 인생을 열어젖힐 수 있는 열쇠를 손에 쥔 것과 같다고 하겠다. 그래서 우리는 부딪치고 시도해야만 한다. 해보지도 않고 지레 자신의 역량에 대해 빨간 줄을 그어서는 안 된다. 시도의 성공 여부와는 별개로 밋밋하고 무기력하던 인생에 시도 그 자체만으로도 신선한 바람과 같은 자각과 충격을 줄 수 있다.

## 장기적 지혜, 에둘러 가는 것이 지름길

조직 생활에서 다른 차원의 경력을 개척하는 길은 기나긴 여정이다. 금세 심 봤다는 식의 성과를 올리는 것은 애초부터 불가능에 가깝다. 간혹 그런 횡재수가 있기는 하지만 너무 이른 뜻밖의 행운은 되려 내공을 키우는 데 방해 요인이 될 수 있다.

나는 작가로 입문하면서 독서 시장에서 불문율같이 여겨지는 법칙이 있다는 것을 알게 됐다. 노련한 출판업자들이 오랜 경험을 통해 알게 된 법칙이다. 20대 또는 30대 초반의 어린 나이에 베스트셀러를 쓴 사람은 다시 대중을 사로잡는 작품을 쓰기 어렵다는 것이 그것이다. 여기에는 의미심장한 통찰이 담겨 있다. 인생이라는 긴 여정을 놓고 볼 때 너무 어린 나이에 찾아온 행운은 당사자를 밤하늘에 잠시 반짝하다가 소멸하는 별과 같은 존재로 만들어버리기 쉽다는 것이다. 인생의 의미, 자신의 생과 사명에 대한 소명의식 같은 것을 인식하기도 전에 찾아온 성공은 그만큼 위험성을 품고 있다는 뜻일 것이다.

그런 관점에서 다니엘 베르누이Daniel Bernoulli의 발견은 단순한 듯하면서도 삶에 대해 예리한 통찰을 던진다. 베르누이에 따르면, 높은 곳에 있는 구슬이 직평면flat plane을 따라 내려올 때보다 사이클로이드 곡면cycloid-curved plane을 타고 내려올 때 속도가 더 빠르다. 즉 최단 거리로 가는 것보다 더 멀더라도 사이클로이드 곡선으로 갈 때 속도가 더 빠르다. 그 이유는 사이클로이드 곡선의 전반 궤도에서 물체가 중력가속도를 더 유효하게 받아서 그것을 운동에너지로 전환한 후

그 운동에너지를 후반 궤도에서 발산하기 때문이다.

우리의 인생에 적용해보면 단기적이고 짧은 눈으로만 우리의 인생을 보지 말고 장기적 전략적 지혜를 통해 인생을 볼 때 더 빨리 그리고 더 멀리 갈 수 있다는 의미이다. 그러므로 우리는 단기적인 일에 집착하지 말고 먼 후일을 위한 운동에너지를 축적하면서 장기적 지혜를 쌓으려고 노력해야 한다. 어떤 일이나 인생에서 초반에 성과가 나지 않더라도 조급하게 생각하지 말자. 착실히 노력하면 결실은 뒤늦게라도 찾아오는 것이 세상의 이치이니 말이다.

시도의 중요성은 생산과 성공의 상관관계에서도 나타난다. 캘리포니아 대학교의 딘 시터먼 교수는 성공했기 때문에 아이디어를 만든 것이 아니라 아이디어를 많이 만들었기 때문에 성공한다고 말한다. 즉 제품의 양이 많아지면 제품의 질도 높아진다는 것이다. 이 말은 그만큼 노력이 쌓여야 작품의 질도 올라간다는 뜻과 가까울 것이다.

그러고 보면 '기회비용을 최소화하라'는 경제 논리에 얽매이면 성공 가능성이 낮아져 결국 가장 비경제적 삶을 살 가능성이 커진다는 역설적 결론이 나온다. 그만큼 성공은 많은 노력, 시도, 좌절 속에서 꽃핀다.

경영의 왕도가 시행착오에 있다는 것을 보여주는 경영자 중 한 명이 바로 유니클로라는 브랜드로 친숙한 패스트리테일링Fast Retailing 창업자 야나이 다다시柳井 正 회장이다. 그는 시행착오를 몇 번이고 반복한 끝에 실패의 확률을 낮추고 성공의 정밀도를 높여 이익을 천천히 늘려갈 수 있다고 강조해왔다. 그런 내용을 담은 책이 『야나이 다다시, 유니클로 이야기』이다.[3] 이 책을 보면 비즈니스는 계획대로 이론 대로 움직이지 않으며, 빨리 실패하고 깨닫고 수습하는 것이 성공 비결이라고 한다.

야나이 다다시 회장은 갑자기 어마어마한 이익이 났다면 시대 상황과 어지간히 잘 맞아떨어졌거나 그렇지 않으면 뭔가 부정한 방법이 있지 않았나 의심해볼 필요도 있다고까지 말했다. 무슨 일이든 첫 투자는 실패할 확률이 높을 수밖에 없음을 경험으로 아는 탓이다. 이를 안다면 자신이 설정한 꿈을 향해 한 걸음씩 전진하는 것에 대해 용기를 가질 수 있다.

첫 테이프를 끊은 사람들은 일상을 자신의 내공을 키우는 과정으로 삼고 노력하는 일만 남게 된다. 영화 「친구」의 대성공 이후 내놓은 대작 「태풍」이 흥행에 실패하며 빚더미에 올라앉은 곽경택 감독에게 일본의 큰손 제작자는 이런 말을 했다고 한다.

"피카소의 작품은 수천 점이다. 그중에서 200여 점만이 사람들 사이에서 회자된다. 마스터피스는 계속되는 노동과 노력에서 나온다. 마스터피스는 마스터피스를 만들려는 생각과 욕심에서 나오는 것이 아니다. 아직 더 많이, 더 열심히 영화를 찍어야 한다."[4]

오랜 시간 도를 닦듯 재능을 키우는 자만이 궁극적 의미에서 장인이 될 수 있다. 그들이 성공하는 것이다.

# 3. 현실에 뿌리를 내려라

## 나만의 남다른 경력지도

　기업 내에는 통상적 의미에서 핵심 부서라는 것이 있다. 이를테면 남들이 이른바 능력 있는 사람들이 모인다고 인정하는, 소위 잘나가는 부서다. 재무, 기획, R&D 등과 같은 부서라고나 할까. 신문사에도 기자들이 겉으로 내놓고 말하기에는 조심스러워 하지만 특정 부서에 주류·비주류 또는 인기·비인기라는 꼬리표를 심심찮게 붙이곤 한다.

　실제로도 여기서 살아남지 못하면 조만간 폐기 처분될 운명이 기다리고 있다고 많은 구성원이 암묵적으로 동의하는 자리가 있다. 이런 식의 분류와 평가는 특정 부서의 특징을 어느 정도 반영하기도 하지만, 어떻게든 범주화해서 대상을 파악하려는 인간의 속성에서 비롯되기도 한다.

그러나 진정으로 중요한 것은 자신이 몸담은 부서에 대한 평가가 어떤지 하는 것이 아니다. 우리가 염두에 둬야 하는 것은 오직 자신이 통제할 수 있는 것에 오롯이 집중하려고 노력해야 한다는 점이다. 자신이 손댈 수 없고 자신의 책임권한 밖에 있는 일에 얽매여봤자 되돌아오는 것은 허탈감뿐이다. 만약 유감스럽게도 당신이 원하지도 않고 발전성도 없어 보이는 부서에 속해 있다면, 업무에 집중하면서 자신의 경력을 업그레이드하려는 노력을 기울여야 한다. 하지만 상당수 직장인은 남들이 편의적으로 구분한 잣대에 자신을 쉽게 예속시킨다. 자신을 개혁하는 것은 그만큼 어렵다.

"내가 왜 이런 부서로 발령이 났지? 난 똑똑한데 말이야. 이건 뭔가 잘못됐어!"

이렇게 마음먹는 순간, 일에 대한 의욕은 사라지고 눈치만 보는 '월급 도둑'이 돼버린다. 자신의 행동에 변화를 주지 못하면서 이런 상황을 만든 환경만 바라보는 것은 하늘에서 비가 오기만을 기다리는 천수답 경영과 다를 바 없다. 이렇게 되면 경력은 급전직하하게 된다. 맥 빠진 일상에 일종의 벼락같은 충격을 줘 우리 삶을 발딱 일으켜 세우기가 어렵다. 그 이유는 기존의 사고와 생활 방식을 답습할 때 일시적 편안함을 느끼기 때문이다. 이는 나 자신이 아니라 남이나 조직에 책임을 묻는 것으로 어리석고 비합리적인 태도다.

어떤 학자들은 이런 습성이 우리 인간이 도마뱀 뇌를 가진 탓에 생겨났다고 비유하기도 했다. 도마뱀 뇌는 안정 일변도의 길만을 원한다. 탐욕스럽고 겁이 많고 화를 잘 내며 충동적이다. 싸워야 할 때는 죽을 때까지 싸우겠지만 대부분 도망친다. 우리 내면의 목소리가 움직이지 못하도록 지령을 내리는 것이 바로 도마뱀 뇌가 하는 일이다.

"맡은 일이나 하라고……." "잠자코 앉아 있어." "그러기에 내 말을 들었어야지." "그런 짓은 애초부터 하지 말았어야지."와 같은 말은 도마뱀 뇌가 문명화된 뇌에 하는 매뉴얼과 같은 말이라고 한다. 일리가 있다. 우리는 우리 내면의 천재성이 밖으로 나오지 못하도록 틀어막는 이런 것들을 인식하고 거기에 카운터펀치를 날려야 한다.

도마뱀 뇌와 관련해 유의할 대목은 처음부터 너무 큰 변화를 꾀해 내 안의 지배자였던 도마뱀 뇌의 강렬한 저항을 부르기보다는 점진적 변화를 통해 체질 개선을 꾀하는 방향으로 가는 것이 현명하다는 것이다. 변화에 저항하는 내 안의 '악마'와 싸워 이기려면 그를 덜 자극하는 지혜가 필요하다. 그렇게 하면 도마뱀 뇌는 마치 물이 서서히 데워져 수온이 점점 더 올라감을 깨닫지 못하다가 어느 순간 임계점을 넘어서자 죽게 되는 개구리 신세가 될 것이다.

변화가 절실하다는 것을 알면서도 일상을 바꾸지 못하면 일상은 곧 올가미처럼 돼버린다. 알 세쿤다 Al Secunda가 쓴 『위대한 작은 발걸음 The 15 Second Principle』이라는 책에는 이와 관련한 우화가 나온다.[5]

서커스에서 평생 쇼를 하다가 은퇴한 침팬지가 있었다. 이 침팬지는 이제 낙향해 자신의 조련사와 소일거리를 하며 지내고 있었다. 조련사는 침팬지가 심심하지 않도록 소형 오토바이를 사줬다. 이 침팬지는 오토바이 타는 것을 낙으로 삼아 하루하루를 보냈다. 그런데 침팬지는 길을 잃을까 두려워 매일같이 핸들을 한 방향으로만 꺾었다. 그러다 보니 집 주변만 뱅글뱅글 돌았다. 하루에 몇 시간이고 그런 식으로 달렸다. 그렇게 몇 년을 보냈다. 어느 날 침팬지는 오토바이를 타러 나가서 한참이나 돌아오지 않았다. 걱정하던 조련사가 침팬지를 찾으러 나갔다가 그만 실소를 금치 못했다. 도랑처럼 팬 길에서 침팬지가 오도 가도 못하고 있었던 것이다. 침팬지가 똑같은 경로를 하도 오랫동안 달리는 바람에 땅이 움푹 팬 것이 원인이었다.

특정 프레임 안에서는 아무리 많은 노력을 기울여도 이렇다 할 결실을 보기가 어렵다. 핸들을 바로잡아 한정된 경로에서 빠져나와야 새로운 세계를 만날 수 있다. 익숙해져 안락하지만 스스로 자신을 구속하는 길을 갈 것이냐, 낯설지만 새로운 시도를 할 것이냐 하는 것은 선택의 문제다.

어쨌든 자신의 생존 환경을 바꾸려면 먼저 생존 환경에 철저히 적응해야 한다. 현명한 사람은 기업 환경이나 문화에 맞서 싸우기보다는 그것을 이해하고 그것이 자신에게 유리하게 작동할 수 있도록 할 줄 안다. 상황의 희생양이 돼서는 안 된다는 뜻이다. 스스로 희생양이 되도록 놔둔다면, 그것은 죽음의 키스를 하는 것이나 마찬가지이다.

궁극적으로 보면 경력 계발이라는 것도 천편일률적으로 같은 모습일 필요는 없다. 사람이 저마다 다른 것처럼 경력은 공장에서 찍어낸 공산품이 아니다. 그 사실을 깨닫고 자신의 인생 궤적을 보다 객관적이고 긍정적으로 바라볼 필요가 있다.

우리 주변에서 자기 일에 몰입해 삶을 다채롭게 일구는 사람들을 보라. 일을 할 때 뚜렷한 목적을 갖고 있다. 보람, 만족감, 자아 계발, 정체성 등이 일과 밀접히 연계돼 있다. 그러다 보니 신바람이 나 힘든 작업도 마다하지 않는다.

하지만 하루를 무감각하게 사는 사람들은 자신의 일이나 상황이 외부에서 강제로 주어진다는 미망에 사로잡혀 있다. 그렇게 되면 설사 일을 통해 진취적이고 긍정적인 경험을 하더라도 그 일에 의미 부여를 하지 못한다. 자신과 일은 괴리가 있다는 선입견에 사로잡혀 좋은 경험마저도 스스로 애써 외면하는 것이다. 그러다 부정적인 경험을 하면 이런 식으로 침소봉대한다.

"봐라. 그래서 안 된다니까!"

일에 자신만의 의미를 부여할 수 있다는 것은 그것을 어떤 용도로 활용하겠다는 의지, 비전을 담는 것이다. 그렇게 하면 일에 몰입할 수 있다. 살면서 만나는 난관들에 휘둘리지 않고 의연할 수 있다.


## 건설적 반발심이 반전을 만든다

1973년 설립된 일본전산日本電産은 오일쇼크와 기나긴 불황의 터널을 통과하면서도 전 세계 모터 시장을 석권한 남다른 기업이다. 1990년대에 하드디스크용 모터 분야에서 1위를 차지한 데 이어 성장과 진화를 거듭하며 자동차용 모터 시장에서도 두각을 보이고 있다. 일본 열도를 괴롭힌 이른바 '잃어버린 10년' 동안 일본전산은 매출열 배, 영업이익 스물네 배라는 놀라운 성장을 일궜다. IBM의 노트북이나 애플의 아이팟도 일본전산의 모터가 없었다면 탄생할 수 없었을 것이다.

일본전산을 이렇게 키워낸 인물은 바로 나가모리 시게노부永守重信 사장이다. 그는 '연못의 잉어'를 활기차게 하겠다며 '메기'가 되기를 자처한 인물로 통한다. '나가모리' 하면 불호령과 깡으로 직원들을 독려하는 모습이 떠오르는 이미지가 됐을 정도다.

나가모리의 어록 중에는 조직 생활에서 뼈가 되고 살이 되는 것들이 많다. 그는 도전하지 않고 맥없이 나가떨어지는 직원을 경멸했다. 독기가 있어야 자기도 살고 조직도 산다고 봤다. 시도하지 않는 것보다 더 몹쓸 것은 하다가 흐지부지 그만두는 것이라고 봤다. 신입사원일수록 살벌한 실전에 배치할 것을 주문했다. 실력이 없으면 깡으로라도 남보다 두 배로 일하라고 독려했다. 카탈로그도 없고 그럴듯한 실력도 없을 때 남들은 포기하지만 그럴 때일수록 고객을 물어올 줄알아야 한다고도 했다. 근성이 없으면 어디서든 성공할 수 없다고 봤던 것이다.

나가모리 사장의 경영철학 중 '진보적 반발심'이라는 것이 있다. 그가 말하는 진보적 반발심이란 같은 실패와 잘못을 다시 범하지 않도록 하는 의지다. 예컨대 어떤 사원이 한 가지 일에 실패하고 문책당해 회사를 그만두면, 다른 회사에 가더라도 똑같은 패턴으로 그만두게 된다는 것이다. 왜냐하면 한 번 정복하지 못한 실패는 또다시 그를 엄습하게 돼 있기 때문이다. 직장 생활을 하면서 뜻대로 안 된다고 사표부터 쓰려는 행위는 나약한 정신을 반영할 뿐이다. 그러므로 '이 회사만 아니면, 이 상사만 벗어나면, 뭔가 새로운 환경만 주어지면 잘할 수 있다'는 환상을 버리라고 나가모리 사장은 강조했다. 실패와 포기의 패턴은 마치 유전자 코드처럼 사람의 몸과 마음에 세팅되는 만큼 그 세팅된 것을 어떤 수를 써서라도 어그러뜨려서 뒤집어놓아야 한다는 것이다. 그래야 같은 패턴을 다시 반복하지 않게 된다. 그때 필요한 것이 바로 진보적 반발심이라는 얘기다.

아무 의미 없이 메뚜기처럼 직장을 옮기기에 급급한 직장인이라면 한 번쯤 곱씹어볼 만한 조언이 아닌가 한다. 지금 당장 어려움에 부닥쳤다고 판단되면, 그 상황에 맞춰 혁신 의지를 갖추고 반전의 기회를 만들어야 한다. 자기가 자리한 부서에서 능력을 발휘해야 그다음 경력 계발에 주도권을 쥘 수 있다.

예를 들어 덜 바쁜 부서에서 일할 때는 평소 관심을 두던 분야의 학업을 병행한다거나 포럼에 참여한다거나 하는 등의 다양한 활동을 통해 자신에게 부족한 구석을 채워나가는 것도 현명한 방법이다. 이것은 단순히 본업을 등한히 하라는 얘기가 아니다. 아직도 직장인 중에는 자신의 본업과 확대된 본업으로서의 자아 계발 사이에 커다란 장벽을 세우는 이들이 너무 많다. 하지만 이는 오해다. 자신의 업무 영역을 한정하고 자신의 일감 이외에는 관심을 두지 않는 사람은 발전하기 어렵다. 아니 도태된다. 이런 태도는 거대한 기계에 영문도 모르고 처박힌 소모품 나사 그 이상도 이하도 아닌 사람으로 그 자신을 전락시킨다.

요즘처럼 급변하는 시대 최고의 무기는 열정적 호기심이다. 그리고 이를 연료로 삼은 지속적 학습력일 수밖에 없다. 자신에게 할당된 업무가 회사의 전체 시스템에서 어떤 맥락 안에 있고 어떤 의미가 있는지, 다른 업무와는 어떤 식의 연결고리와 피드백으로 유기적 관계를 맺는지에 대해 끊임없이 관심을 둬야 한다. 이렇게 학습 의지가 있는 사원이라야 지속해서 성장할 수 있다.

또한 자신을 개혁하기 위해서는 내실 있게 활동해야 한다. 그동안 바빴다면 무엇 때문에 바빴는지도 모를 만큼 의미 없이 보낸 시간, 맹목적 습관적 행동으로 탕진했던 시간을 알뜰하게 재조직해나가야 한다. 이런 훈련은 결국 나중에 자신이 성장하는 데 큰 밑거름이 된다. 많은 사람이 "힘들다, 피곤하다"고 입버릇처럼 되뇌인다. 하지만 이는 냉철한 각성에 따라 맹렬히 노력하면서 얻은 피로라기보다 불필요한 모임이나 소모적 일상 때문일 때가 많다. 밤잠을 줄여가며 공부하던 십 대 후반기를 회상해보라. 직장인 중에 자아 실현을 위해 그렇게 애쓰는 이가 얼마나 될까. 그저 바쁜 일상에 쫓겨 입사 당시 품었던 파릇파릇한 꿈을 잃었거나 아직도 꿈을 찾지 못한 사람이 태반일 것이다. 그런 만큼 야무지게 각오를 다지면서 자신의 환경과 처지를 반전시키는 데 뛰어들어보자. 세상은 무심한 듯하지만 시도하고 노력하는 자에게는 언젠가 반응을 한다.

나는 신문기자로서 일하면서 항상 갈증을 느꼈다. 신문지면이라는 프레임이 내가 전달하고 싶은 것을 모두 담기에는 너무 작은 그릇이라는 생각에서 비롯된 갈증이었다. 이 프레임은 일차적으로는 기사의 기획 방향이나 한정된 공간 등 업무나 매체의 특성과 연관돼 있다. 그러나 나는 중요한 인물, 사건, 특정 트렌드 등을 취재하는 과정에서 저술 활동을 병행해야겠다고 생각했다. 나를 완전히 소진하면서 나 자신의 꿈에 더 몰입하기 위해 기사 작성이라는 본업 외에 '플러스 알파'를 병행하기로 한 것이다.

그 결과, 국제부에 있으면서는 글로벌 금융위기로 경제와 사회가 부글거릴 때 그 표면 아래에서 자행되는 권력의 야합과 관련한 책을 냈다. 외식업을 담당하면서는 한 토종 커피전문점 브랜드의 성공 요인을 분석한 책을 냈다. 국제부에서 일할 때는 야근 다음날이면 종일 쉬기 때문에 열정만 있다면 무엇이든 더 생산할 수 있는 여건이 됐다. 유통과 식품 분야를 취재할 때는 상대적으로 비는 시간이 적잖아서 이를 활용해 남들보다 더 취재하고 틈틈이 자료를 모아 책을 세 권이나 낼 수 있었다.

이런 과정은 내가 시간을 조직하는 힘을 스스로 깨우치게 됐다는 점에서 유익했다. 한 분야에서 책을 내면 그 분야에서만큼은 지식의 폭이 넓어지고 깊이도 깊어져서 전문가로서 자신의 존재감을 키울 수 있다. 이는 연쇄적으로 현업에서 경력을 계발하는 데도 플러스가 된다. 이런 경험은 내가 자신에게 부여된 업의 지평을 넓히는 결정적 계기가 됐다. 자기 규제를 통해 시간을 알뜰히 사용해보는 경험은 그만큼 값진 것이다.

이와는 반대로 조직에서 지금 잘나가고 있는 사람이라 할지라도 자만에 빠지면 안 된다. 너무 빨리 변하는 세상의 속도와 보조를 맞추려면 겸손하게 항상 최선을 다하는 자세를 견지해야 한다. 전문성을 갈고닦으면서 사람들의 다양한 관점을 수용하고 넓은 시야를 가져야 한다는 말이다. 자만에 빠지는 순간, 한때 주목을 받던 사람도 순식간에 내리막길을 타면서 실패의 멍에를 뒤집어쓸 수 있다. 자기 자신에 대해 과신한 나머지 오만하게 주위의 조언을 무시하면 그에 상응하는 대가를 반드시 치르게 된다. 인생은 길다. 짧은 성공에 취할 만큼 우리 삶의 묘미는 간단치 않다.

삶이란 하루하루의 현재가 모여 미래를 구축해나가는 것이다. 그 기본은 지금 자신이 몸담은 곳에서 나름의 전략을 갖고 최대한 노력하는 것이다. 여기에서 눈에 띄는 무언가를 만들지 못하면 다른 곳에 가서도 그럴 가능성이 크다. 요컨대, 남다른 성과를 가져오는 결정적 변수는 업무에 대해 어떤 태도를 보이느냐 하는 것이다.

'원-소스 멀티-유즈'라는 말이 있다. 한 가지 재료를 여러 분야에서 다양하게 활용한다는 의미다. 훌륭한 원전原典이 있으면 이를 바탕으로 소설도 만들고 영화도 제작하고 게임도 만들고 캐릭터 상품으로도 활용할 수 있는 법이다. 한 가지를 계속 우려먹는다고 비아냥거릴 수도 있겠지만 그렇게 볼 필요는 없다. 괜찮은 작품을 다양하게 응용하는 것은 자연스러운 세상 이치이니 말이다.

우리 직장 생활에 비유해보자. 안에서 새는 바가지는 바깥에서도 새기 마련이다. 한 곳에서 성과를 내본 사람은 자신감을 갖게 된다. 이런 자신감은 그 사람이 다른 곳에 가서도 경력을 성공적으로 이어가는 데 필요한 자양분이 돼준다. 고기를 먹어본 사람이 고기맛도 안다. 작더라도 성과를 내본 경험이 있는 사람이 그다음에도 성공할 확률이 더 높다. 자기 부서에서 일단 성과를 내야 한다는 것은 바로 이런 이유 때문이다. 평범한 일은 없다. 업무에 대해 평범하게 접근하는 방식과 태도만이 있을 뿐이다.

## 환경의 이중성

자신이 자리한 곳에서 최선을 다하는 태도는 달리 보면 환경에 종속되지 않는 삶을 살겠다는 고귀한 의지가 발현된다는 뜻과 같다. 인생의 주도권을 쥐고 있는 사람들은 지금 당장 형편이 녹록하지 않아 꿈을 붙잡기조차 버겁더라도 절대로 꿈을 놓지 않는다. 그런 하루하루가 모여 기어이 자신의 능력을 꽃피우는 것이다. 그렇게 되면 누군가에게 끌려다니던 삶과 결별하고 자신이 줄곧 그려오던 삶을 누릴 수 있다.

주위를 둘러보라. 어려운 현실을 극복한 사례가 널려 있다. 이런 사례들을 보면서 우리는 환경이 우리 인생에서 세운 뜻을 실현하기 위한 절대적 변수가 아님을 깨닫게 된다. 뜻이 있으면 길이 열리기 마련이다. 성공한 사람들은 자신이 바꿀 수 없는 환경에 굴복하기보다는 그런 환경을 활용하기 위해 부단히 애써온 사람들이다.

영화 「타이타닉」 「아바타」 등으로 잘 알려진 제임스 캐머런 감독도 그런 케이스다. 캐머런 감독의 영화는 화려한 영상미로 유명하다. 하지만 그는 영상학과 출신이 아니다. 그는 4년제 명문대에 갈 수 없어 2년제 대학에서 물리학을 전공했다. 과학기술 분야에 관심이 많던 터라 그저 막연한 생각으로 과학자가 되고 싶다는 목표를 세웠을 뿐이었다. 하지만 바람과는 달리 물리학에 흥미를 느끼지 못했고 전공 공부보다 독학과 작문을 하면서 시간을 보냈다. 그 결과 캐머런은 낙제라는 쓴잔을 들게 된다. 자포자기할 수도 있었지만, 그는 자기 내면의 목소리에 귀를 기울이고 여기에 충실한 삶을 실천했다. 트럭 운전기사를 하는 상황에서도 캐머런 감독은 틈나는 대로 소설을 쓰면서 재능을 다듬고 영화에 관한 책과 논문을 섭렵하며 영화 지식을 습득했다. 한마디로 생활비를 버는 것과 미래를 준비하는 것을 철저하게 분리했던 셈이다. 이렇게 노력을 축적한 캐머런은 우여곡절 끝에 영화계에 입문해 금방 능력을 인정받게 됐다.

삼십 대 중반의 나이에 글로벌 기업인 구글에서 상무라는 자리에 이름을 올린 김현유 씨를 보자. 그는 유치원에 다닐 무렵 부모의 영향으로 3년간 외국 생활을 하기는 했다. 하지만 한국에서 초·중·고를 졸업하고 대학에 군대까지 나온 토종이다.

한국사람이 젊은 나이에 세계적 기업의 임원 자리에 올랐으니 남다른 면모가 있었을 터이다. 그에게는 꿈을 치열하고 정밀하게 설계하고 추진하는 힘이 있었다. 그리고 긍정적인 생각으로 환경을 개척하는 힘도 대단했다. 그가 대학생 때 외국계 회사에 인턴 자리를 알아보던 과정이 인상적이다. 그는 그동안 관심을 두었던 외국계 회사의 주소록을 미국 상공회의소 등에 수소문한 끝에 알아냈다. 그런 다음 그중에서 열다섯 곳에 이메일을 보냈다. 연락이 온 곳은 단 한 곳, 보험사 AIG였다. 우여곡절 끝에 일을 시작하게 됐다. 그런데 일개 인턴이 할 만한 일은 잔심부름뿐이었다. 그 속에서도 그는 소중한 결론을 도출한다. 금융업과 그 자신의 궁합은 별로이고 IT 분야가 그 자신과 잘 맞는다는 사실을 깨달은 것이다. 김현유 상무는 강조한다.

"살아보니, 사람은 어디서든 배울 점이 있더라."

첫 직장에 들어갈 때도 인턴 경험이 좋은 방향으로 작용했다. 졸업 전에 아서앤더슨과 삼성전자의 합격증을 받았다. 그러나 김현유 상무는 회계법인인 아서앤더슨이 아니라 IT 분야인 삼성전자를 택했다. 인턴 때부터 직관적으로 IT가 자신의 체질과 적성에 맞는다는 점을 느꼈기 때문이다. 나중 일이기는 하지만 아서앤더슨은 엔론 분식회계에 연루돼 결국 회사가 사라지게 된다. 아무리 잘난 기업이라도 조금만 방심해도 무너질 수 있다는 엄정한 진실을 뼈저리게 배운 셈이다.

삼성전자에 입사해서 처음으로 배정받은 업무는 이스라엘 관련 업무였다. 남들은 "똥 밟았다"며 그를 위로했다. 직원들이 가장 선호한 지역은 미국이나 유럽이었고, 이스라엘은 사람들이 공격적이고 고집이 세 일하기 어렵다는 평가가 주류였기 때문이다. 하지만 그는 이스라엘 담당 업무를 통해 협상 기술 등 유대인의 강점을 속속들이 이해하고 배울 수 있었다. 그는 이 경험이 후일 미국 유학에서 큰 자양분으로 작용했음을 느꼈다고 한다. 이런 경험은 남들이 별로라고 단정하는 분야에서도 자신이 마음먹기에 따라 얼마든지 새로운 기회와 성과를 낼 수 있다는 점을 보여준다.

다른 사례도 많다. 예전에는 피아노가 있는 집은 부자로 통했다. 가격도 수백만 원대로 비싸거니와 피아노를 거실이나 방에 들여놓으려면 집도 꽤 커야 했다. 그래서 피아노를 살 형편이 안 되는 집 부모들은 아이들이 피아노를 사달라고 보챌 때마다 종이에 피아노 건반을 그린, 이른바 '종이 피아노'로 아이들의 아쉬움을 달래줬다. 카네기홀 선정 세계 3대 피아니스트로 평가되는 서혜경 교수도 종이 피아노로 자신의 꿈을 키웠다. 비록 소리가 나지 않는 피아노다. 하지만 꿈을 가진 이들의 귀에는 다 들리게 마련이다. 자신의 꿈을 성취하는 것이 소중했기에 주어진 환경에서 최선을 다한 것이다.

아이들이라면 누구나 좋아하는 레고도 개인적 불행을 딛고 나왔다. 레고를 만든 사람은 덴마크 출신 목수인 올레 키르크 크리스티얀센Ole Kirk Christiansen이다. 아이들 엄마가 일찍 죽자, 그는 남겨진 아이들 넷을 위해 일을 마치고 난 뒤 나무토막을 다듬어 장난감을 만들어줬다. 맞벌이 집안 아이들 대부분이 흙을 갖고 놀던 시절, 그 장난감은 또래들에게 인기를 끌었다. 그는 이런 모습을 보고 레고를 사업화했고 성공을 거머쥐었다.

만약 그들이 자신의 환경에 불만을 품는 데서 머물렀다면 이런 성공을 거두지 못했을 것이다. 남들이 타고난 운을 부러워하지 마라. 타고난 운을 따진다면 미국 시애틀 지역만큼 아이러니한 곳도 없을 것이다. 이 지역은 비가 많이 온다. 준비성 있는 사람들은 항상 가방에 우산을 들고 다닐 정도다. 비가 많이 오면 나무가 성장하는 데 좋은 환경이 조성된다. 그런데 재미있는 것은 나무의 뿌리다. 비바람에 쓰러진 나무를 보면 하나같이 뿌리가 부실하다. 나무의 덩치와 비교하면 뿌리가 턱없이 부족하다. 생태 환경이 좋은 탓에 작은 뿌리로도 수분을 쉽게 확보할 수 있다 보니 빈약해지고 만다. 부실한 뿌리로는 성장할수록 위험해진다. 환경이란 그런 것이다.

# 깡과 야성의 힘

1980년 한여름, 당시 전경련 회장이었던 고<sub>故</sub> 정주영 회장이 전경련회관에서 기자간담회를 열었다. 그는 카랑카랑한 목소리로 기자들을 불러모으고는 다짜고짜 허리띠를 끄르고 바지를 무릎까지 끌어내렸다. 그의 허벅지 안쪽이 훤히 드러났는데 시커멓게 죽어 있었다. 설명인즉슨, 현대건설 신입사원 수련회에 갔다가 씨름을 했고 밀고 당기고 하는 통에 이렇게 됐다는 것이었다. 그러고는 호탕하게 웃었다.

그 자리에 있던 기자들은 네 번 놀랐다. 갑자기 바지를 내려 황당해서 놀라고, 큼직한 상처에 놀라고, 단단한 허벅지 근육에 놀랐다. 그리고 마지막으로 60대인 그룹 회장이 신입사원과 어깨를 맞대고 샅바싸움을 했다는 데 또 놀랐다. 배고픔 때문에 두메산골을 뛰쳐나와 한국 경제를 이끌면서 건설, 자동차, 조선산업 등을 일군 정주영 회장의 파격적 야성을 살펴볼 수 있는 대목이다.

신입사원과 화끈하게 씨름 한판 한 것을 갖고 뭘 그리 과대평가하느냐고 타박할지도 모르겠다. 하지만 우리는 그 일화를 통해 열정으로 펄펄 끓는, 한 싱싱한 생명체의 활력을 느낄 수 있다. 후일 정주영 회장이 정치인을 거쳐 말년에 소떼를 몰고 휴전선을 넘는 거대한 드라마를 써낼 수 있었던 원동력도 그런 야성에서 비롯됐을 터이다.

직장 생활이든 사업이든 진정으로 필요한 것이 이런 깡이고 야성이다. 박종원 사장은 엘리트 경제관료에서 재보험사인 코리안리로 자리를 옮겨 비실거리던 기업을 몰라보게 뜯어고쳤다. 그는 평소 야성을 강조하는 인물로 통한다.[6] CEO만 15년째 맡아 직업이 CEO라고 불리는 그는 무한경쟁 시대에 살아남기 위해서는 실력과 재능 못지않게 근성과 의지가 중요하다고 말한다. 오히려 인생이라는 장기전에서는 근성과 열정이 성패를 좌우한다고 강조한다. 패배의식에 젖어 눈치만 보고 수동적이기보다는 할 수 있다는 자신감으로 기어이 목표를 달성하는, 그런 근성이 있어야 진정한 인재라는 것이다.

그가 대부분이 꺼리는 해병대에 자진해 들어갔던 것도 그런 근성과 깡을 배워보겠다는 남다른 기질이 있었기 때문이다. 공무원 출신의 CEO로서 주위의 반대를 무릅쓰고 예외 조항 없는 원칙을 세워 구조 조정에 나설 수 있었던 것도, 축 처지고 무사안일에 젖어 있던 조직의 체질을 생동감이 넘칠 만큼 활기차게 할 수 있었던 것도, 주눅이 들지 않는 독한 근성이 있었기에 가능했다. 그는 무모하리만큼 단순한 자신감과 패기에 찬 결단이 비논리적이고 비이성적인 것으로 치부되지만 실제 인생에서는 꼭 그렇지만도 않다고 말한다. 무사태평으로 하루하루 흘러가는 삶보다 과감한 결단이 있는 삶이 성공으로 이어진다는 것이다.

실제로 내 경험을 봐도 타성을 단칼에 끊는 결기는 이성보다는 야성의 영역에 속한다. 조그마한 이해득실에 얽매여 이리저리 따지고 계산하다 보면 인생의 큰 줄기를 놓칠 수 있다. 야성으로 우리의 삶이 크고 깊어진다는 박종원 사장의 통찰은 그래서 울림이 있다.

## 열정이라는 에너지원

나는 산책을 좋아한다. 특히 그때그때 어떤 단기적 목표가 설정돼 있다면 산책의 효용성이 크게 높아진다. 산책이 개인적으로 가장 집중하는 주제나 과제에 대해 곰곰이 생각할 기회를 만들어주기 때문이다. 그렇게 몰입하다 보면 기존에 쌓아두었던 지식이 화학적 반응을 일으키면서 괜찮은 아이디어가 분수처럼 샘솟곤 한다.

아르키메데스가 목욕탕에서 흘러넘치는 물을 보고 부력의 원리를, 뉴턴이 사과나무에서 떨어지는 사과를 보고 만유인력의 법칙을 발견한 것도 결국은 특정 주제에 대해 무서우리만큼 집중한 때문이다. 심리학자 아서 케스틀러Arthur Koestler는 인간의 창조 과정을 연구하면서 많은 케이스 연구를 했다. 성공한 창조과정은 상상력이 어느 특정한 순간에 나타난다고 주장했다. 그는 이를 '이연연상二連聯想'이라고 이름을 붙였다. 이연연상이 발생하기 위해서는 열정이 전제돼야 한다고 말했다. 아르키메데스가 목욕탕에 들어가서 그냥 목욕만 했다면 결코 부력의 원리를 발견하지 못했을 것이라는 얘기다. 그가 자나 깨나 문제 해결을 위해 몰입하며 열정을 쏟아 부은 결과 의외의 장소에서 이 사실을 발견한 것이다.

열정은 성공적 결과를 내기 위한 필수 조건으로 통한다. 하지만 많은 사람이 이런 열정을 갖는 데 실패한다. 사람들 대부분이 열정의 중요성을 안다. 하지만 정작 열정적 인생을 사는 사람은 많지 않다.

그렇다면 열정을 갖기 위해서는 어떻게 해야 할까. 무엇보다 자기 일에 애착이 있어야 한다. 월마트 설립자 샘 월튼은 여러 면에서 비범한 사람이었다. 특히 지칠 줄 모르는 열정을 가지고 있었다. 그는 남들이 보기에는 살인적인 스케줄로 미국 전역의 상점들을 돌아다녔다. 보통사람에게는 불가능하다고 할 정도로 강한 체력이 필요한 일이었지만, 그에게는 힘든 일이 아니었다. 그는 물건을 파는 일에 열정을 갖고 있었고 상점은 그런 일이 이루어지는 장소였다. 그는 죽기 바로 몇 주 전까지도 자가용 비행기를 몰아 전국의 상점들을 돌아보았다고 한다. 그는 각 상점의 판매사원들 이름까지 거의 꿰고 있을 정도였다고 한다. 만약 그가 물건 파는 일을 진정으로 사랑하지 않았다면, 피로로 순식간에 쓰러지고 말았을 것이다. 열정은 피로감을 에너지로 전환하는 묘약이라 할 수 있다.

대하소설 『태백산맥』으로 유명한 소설가 조정래 씨의 열정은 또 어떤가. 그는 『태백산맥』 집필을 마흔 살에 시작해 60세가 돼서야 끝냈다고 한다. 그동안 대하소설 『한강』 『아리랑』도 동시에 썼다고 한다.

그는 글을 쓸 때 수도승 같은 생활로 정신을 다잡는다. 오로지 글쓰기에 집중하기 위해 그가 좋아하는 술을 한 잔도 안 하기로 유명하다. 대하소설을 쓰는 것은 끊임없이 계속되는 중노동이기에 '20년 장기수 생활'을 했다고 말할 정도다. 그는 스스로 채찍질을 하기 위해 집필 누계표를 만들어놓고 매일 얼마만큼의 분량을 썼는지 확인하고 점검했다. 또 6년 동안은 새벽 세 시 이전에 잠들 수 없었다고 한다. 사실과 문학적 상상력 사이에서 긴장을 잃지 않으려고 두 시간 간격으로 얼굴을 씻었다고 한다. 그의 집념과 열정에 오싹해지기까지 한다.

그는 『태백산맥』 1부를 발간하고 후배에게서 축하 선물로 『신왕오

천축국전新往五天竺國傳』이라는 사진집을 받은 적이 있다. 그 사진집 가운데 있던 '마를 대로 말라 있는 석가모니'를 보고 큰 충격을 받았다. 그 사진 속의 석가모니는 온몸의 뼈와 핏줄이 전부 드러날 만큼 끔찍하게 징그러웠기 때문이다. 그만큼 자기 수행이 어렵다는 점을 깨닫고는 왜곡된 역사적 진실을 현미경 보듯 파헤쳐보려는 노력에 더욱 집중했다. 그 결과물로 나온 것이 바로 『태백산맥』 원고지 1만 6,500장이다.

프로 골퍼 최경주 선수도 무명 시절 혹독한 연습을 했다. 하도 스윙 연습을 오래 하다 보니 나중에는 골프채와 손이 그대로 엉겨붙는 사태까지 벌어졌다. 그래서 손가락 하나를 조심스럽게 떼고 또 하나를 떼고 하는 식으로 손을 골프채에서 '분리'했다고 한다. 뒤늦게 골프를 시작한 그가 대선수의 반열에 오르는 데 이런 집중이 큰 동력이 됐을 것이다. 열정으로 자신의 목표에 무섭게 집중하는 힘이 바로 성공으로 가는 기초가 된 셈이다.

특정 분야에 몰입해서 지식을 쌓고 거기에서 관심을 더 확장해 또 다른 분야에서 지식을 쌓고 하는 과정의 연속이 우리 인생에 끼치는 긍정적 효과는 문제 해결력을 높여주고 시시각각 변하는 비즈니스 환경에 좀 더 빨리 적응하게끔 해준다는 점이다. 몰입을 통해 습득한 지식은 절대 헛되지 않다. 지식은 서로 예기치 않은 방향으로 스크럼을 짜면서 아이디어를 창출하는 밑밥이 돼준다. 한때 우리 사회에 지식 무용론이 일기도 했지만, 아이디어는 결코 무에서 창조되지 않는다. 통찰력과 직감 등은 무수한 노력의 날들이 켜켜이 쌓이면서 체화된 지식이 무의식적으로 발현되는 결과물일 뿐이다.

그런 관점에서 전문가가 되려는 사람은 일단 기술자로서 특정 테크닉을 숙련할 때까지 반복해서 연습해야 한다. 마치 복서가 그로기 groggy라는 최악의 상태에서도 본능으로 자기 방어 자세를 취하는 것처럼 기술이 몸에 익어야 한다. 내적으로 충분히 익힌 지식이 나도 모르는 사이에 문제 해결의 실마리를 보여줄 수 있도록 하려면 뼈를 깎는 정도의 숙련 기간이 필요하다는 뜻이다. 세상에 공짜는 없다. 이런 과정을 수업료로 치른 다음에야 필요한 순간에 무엇에 홀린 듯 아이디어가 솟구쳐 오르는 경험을 하게 된다. 사람들은 이런 경험을 자주 만들어내는 사람에게 내공이 있다고 말한다.

우리는 이런 점에 주의하면서 목표를 달성하는 과정에서 쉽게 자존심을 잃지 않도록 해야 한다. 부족함은 연습과 노력을 통해 충분히 메워갈 수 있다. 처음부터 잘한 사람은 없다.

# 4. 일의 근력은 좋은 습관에서 나온다

## 짬을 다루는 기술

습관은 제2의 천성이라고 했다. 업무에 능숙해지는 것은 일상의 습관을 어떻게 통제하느냐에 달려 있다 해도 과언이 아니다. 매일 지하철 통근 시간에 자신의 부족한 지식과 정보 욕구를 채우기 위해 독서를 한 사람과 스마트폰으로 게임에 몰두한 사람 간에 차이가 없을 수는 없다. 평소 어디를 가든 책을 들고 다니는 습관을 들이면 남들보다 몇 배로 값어치 있게 시간을 활용할 수 있다. 나는 출퇴근 시간에 독서를 하는데 왕복으로 매일 두 시간씩 책 읽는 시간을 확보할 수 있다.

직장인은 업무 중간마다 잠깐씩 생기는 짬을 어떻게 활용하느냐가 무척 중요하다. 이에 따라 그 사람 인생의 성패가 달려 있다 해도 과언이 아니다. 그런 짬들을 유용하게 쓰면 직장에서 보내는 시간만으로도 남들보다 몇 시간을 더 확보하는 것이나 다름없다. 우리는 작은 것을 너무 가볍게 여겨 큰일을 하지 못한다. 짬짬이 확보할 수 있는 시간은 출퇴근 시간까지 합치면 네 시간은 족히 될 듯싶다. 자칫 허무하게 흘러버릴 수 있는 시간에 생명력을 불어넣을 수만 있다면 엄청난 생산성을 발휘할 수 있다.

나는 최근 5년간 매년 한 권 이상의 책을 냈다. 이렇게 할 수 있었던 것은 짬을 헛되이 보내지 않았기 때문이다. 주위 사람들은 "아니, 일도 바쁜데 언제 이렇게 책을 썼느냐"고 묻는다. 그런데 평소에 시간 활용만 잘하면 어려운 일도 아니다.

일반적으로 사람의 업무 성과는 피로도에 따라 차이가 난다. 그래서 머리가 맑을 때 순도 높은 일을 하고 머리가 복잡하거나 아플 때는 보조하는 일이나 잡일을 하는 것이 좋다. 이렇게 함으로써 같은 일을 하더라도 효율성을 발휘할 수 있도록 습관을 들여야 한다. 머리가 맑은 아침 출근길에는 지적으로 완성도가 높은 책을 보고 심신이 지친 저녁 퇴근길에는 되도록 가벼운 주제에 흥미도 돋우는 책을 보는 것이 합리적이다. 또 짬이 10분 내외로 많이 나지 않을 때 집중력이 필요한 일을 하려고 들면 안 된다. 막 집중이 될 때쯤이면 짬도 끝나고 다른 일을 해야 하기 때문이다. 생산성이 높은 일과가 되려면 일의 성격과 할당된 시간 등을 고려해 최적의 업무 배분을 해야 한다. 이것을 잘해낸다면 큰 힘 들일 것 없이 자기 능력을 계발할 수 있고 직장에서도 능력을 인정받게 된다.

나는 바쁠 때면 시간을 아끼기 위해 동선動線도 고려했다. 이를테면 도서관에서 책을 빌리는 일이 잦은 편이다. 퇴근하고 저녁 늦게 집에 와 가족들과 식사하고 다시 집을 나서 도서관에 들르기보다는 아예 도서관에서 가까운 지하철역에서 내려 책을 빌려 퇴근하는 식이다. 평소에 집 근처 산책로에서 운동할 때도 다음날 새벽에 집필할 내용을 곰곰이 생각한다. 펜과 간단한 메모지도 들고 간다. 찰나에 떠올랐다가 사라지는 아이디어를 놓치지 않기 위해 애쓰는 것이다. 이렇게 하면 집필 시간에는 오로지 집필에만 전념할 수 있다. 생각의 실타래가 엉켜 시간이 지체되지 않는 것이다. 운동하는 시간, 생각하는 시간, 메모하는 시간을 합쳐서 시간도 절약하고 생각도 무르익도록 하려는 나름의 방책인 셈이다.

이런 실천은 언뜻 생각하면 별것 아닌 것 같지만 결국에는 무척 중요한 자세다. 자신의 바람, 욕망, 욕구, 꿈을 이루기 위해 하루하루 최선을 다하는 태도가 모이면 나중에는 남과 견주기 어려울 만큼 거대한 힘을 가지게 된 자신을 발견하게 된다. 무엇인가를 이루겠다는 강렬한 열정이 있다면 일상에서 작은 것들을 실천하면서 만든 습관이 뒷받침돼야 한다. 세상에 한 방은 없다. 자잘한 펀치들이 모여 결국 상대방을 쓰러뜨리고 승리를 거머쥐게 되는 것이다.


## 고립된 섬보다 유연한 물이 돼라


이름만 대면 알만한 한 대형 은행의 행장은 박학다식하기로 유명하다. 실제로 독서가 취미이기 때문인지 대화를 나누다 보면 피와 살이 될 만한 이야기를 많이 한다. 해외 유학 경험도 있고 역사, 문화, 인문 등 워낙 다양한 분야에서 지식을 많이 쌓은 덕분일까. 삶과 인간에 대한 위트와 통찰이 언뜻언뜻 비치는 그의 이야기에서 나는 좁은 공간에서 너른 들판으로 안내받는 느낌을 받을 정도다.

그런 그와 점심을 하다가 미래에 은행 점포가 정말로 많이 줄어들지 물어봤다. 그 당시 은행들은 무인 점포 성격의 스마트브랜치니 하는 것들에 집중적으로 투자하고 있었다. 인터넷뱅킹이나 스마트뱅킹이 활성화되면서 오프라인 업무는 전체의 10퍼센트 수준까지 크게 떨어진 때였다. 한편으로는 경기가 안 좋아 무인 점포를 늘리는 대신 직원들이 근무하는 오프라인 점포를 줄여야 한다는 견해가 차츰 힘을 받고 있었다. 상식적으로 생각하면 오프라인 점포가 점점 줄 가능성이 크다는 결론에 이를 만한 상황이었다. 그러나 그는 "누가 그걸 알겠느냐. 비즈니스 현실에 따라 유연하게 대처하는 게 중요하다"고 답했다. 한마디로 미래 예측은 어렵다는 이유였다. 그러면서 그는 미래에도 오프라인 점포가 여전히 많을 수 있다는 견해를 피력했다. 그 이유에 대해 들어보자.

첫 번째 근거는 노인들이 대개 인터넷뱅킹이나 스마트뱅킹에 서툴기 때문에 고령화 시대가 되면 도와줄 직원들이 배치된 점포가 여전히 필요하다는 것이다.

두 번째 근거는 미래 인구의 상당수를 차지하는 노인들뿐만 아니라 젊은 사람들도 사람들 사이의 정에 목마른 상태라 은행들은 이들을 잡기 위해 오프라인 점포를 줄이지 않을 가능성이 크다는 것이다. 아무래도 사람 하나 없는 점포에 덩그러니 놓인 자동화 서비스

기기에서 사람 냄새를 느끼기는 어려우니 말이다.

세 번째 근거는 오프라인 점포의 광고 효과나 점포를 폐쇄할 때 일반인들이 조건반사적으로 내리는 판단 때문에 점포를 줄이기 어렵다는 것이다. 예를 들어 자기 집 근처에 있는 시중은행 점포가 문을 닫으면 사람들 대부분은 그 이유를 찬찬히 생각하기보다 곧바로 '이 은행 요즘 어려운가 봐'라고 지레짐작을 해버린다. 이 때문에 은행들은 점포 문을 쉽게 닫지 못하는 것이다.

네 번째 근거는 오프라인 점포의 업무가 전체 업무의 10퍼센트까지 줄었음에도 오프라인 점포가 건재한 것은 바로 은행이 여기서 고객과 만나면서 새로운 상품 가입을 늘릴 수 있기 때문이라는 점이다. 예금하러 온 고객에게 방카슈랑스 상품을 판매할 수도 있고 연금 상품을 권할 수도 있다. 그 가능성을 높이려면 직원이 직접 상품을 세일즈해야 한다. 고객을 만나야 '임도 보고 뽕도 따는' 일석이조가 가능하다. 당장 비용 절감을 위해 지점을 폐쇄하려는 발상은 다분히 근시안적이라는 얘기다.

나는 이런 이유를 다 듣고 나니 오프라인 점포가 줄어드는 것이 아니라 오히려 현상 유지될 가능성이 크지 않을까 하는 생각이 들었다. 하지만 행장은 스마트폰을 사례로 들며 우리 인생의 예측 불가능성을 다시 거론했다.

"우리 삶에 갑자기 등장한 스마트폰을 보세요. 누가 이런 상품이 필요하다고 해서 나온 게 아닙니다. 시장 수요가 발생해 기업이 만든 제품이 아니란 말입니다. 오히려 스마트폰이 나온 이후 사람들의 관심을 끌었고, 더 나아가 적극적 지지를 받은 덕분에 이제는 없어서는 안 되는 제품이 됐어요. 이런 점에 비춰본다면 은행의 점포 문제도 뜻하지도 기대하지도 못한 변화가 생길 수 있어요. IT 기술 같은 것이 뜻하지도 기대하지도 못한 진보로 이어질 수 있으니 말이죠. 은행 점포 폐쇄 여부라는 문제가 예측하기 어려운 변수에 의해 결론이 날 가능성도 있습니다. 그래서 중요한 게 유연하게 대응하는 것입니다."

그의 발언은 시장을 다각도에서 면밀하게 파악하면서도 유연하게 대처할 것을 강조한 것이다. 직장 생활, 크게는 인생에 대한 접근법도 이와 다르지 않다. 세상은 확확 바뀌고 있다. 지식과 정보량이 폭증하는 요즘에는 잠시만 세상과 단절돼도 물정을 모르는 사람이 되기 쉽다. 그래서 저명한 사회학자 지그문트 바우만Zygmunt Bauman은 오늘날의 사회를 '액체 근대성 사회'라고 했다. 모든 것이 있는 그대로 머무르지 않고 계속 변한다는 의미다. 그런데 이런 시대에 살아남으려면 대세의 흐름을 주시하면서 언제든지 거기에 맞게 스스로 변할 줄 알아야 한다. 외부의 변화에 맞서기보다 이에 맞춰 자신을 바꾸는 유연성이 가장 중요한 인간적, 조직적 자질이 됐다는 얘기다.

우리의 직장 생활을 떠올려 보자. 자신과 성격이나 스타일이 맞지 않는다고 상관이 바뀔 때마다 고심하고 있지는 않은가, 부서의 일이 내 자질이나 선호도와 무관하다며 겉돌고 있지는 않은가, 내가 진정 원하던 꿈을 추구하기에는 현실이 너무 팍팍하다고 핑계를 대고 있지는 않은가에 대해 곰곰이 성찰할 필요가 있다. 인격이 성숙할수록, 어려운 현실을 딛고 추구할 만큼 값어치 있는 꿈을 가진 사람일수록, 상대방이나 세상에 대해 이해의 폭이 넓다. 그만큼 외풍이나 외부 변수에 흔들리지 않고 이런 것들을 자신에게 유리하게 활용하는 지혜가 있다는 얘기다. 이 말은 그들이 모든 일의 책임을 스스로에게서 찾지 그 핑계를 남에게 떠넘기지 않는다는 말과도 같다. 어떤 코스에 놓이더라도 물처럼 유연하고 막힘없이 자신의 길을 헤쳐나갈 줄 아는 직장인이 돼야 한다.


## 테일러리즘의 종말


1984년 미국 LA 올림픽에서부터 2012년 런던올림픽까지 한국의 여자 양궁은 무려 28년간 단체전 금메달을 따내며 세계 최정상으로 군림해왔다. 한국이 양궁에 강한 이유를 두고 다양한 해석이 나온다. 일각에서는 한국인의 타고난 기질이 영향을 미쳤다고 말한다. 우리 민족이 예로부터 동이東夷족, 즉 활을 잘 쏘는 동쪽 민족이라서 양궁에서 승승장구한다는 것이다.

하지만 재미있는 것은 전문가일수록 이런 견해를 완강히 거부한다는 점이다. 이런 해석은 뜬구름 잡는 성격이 강하기 때문이다. 예전에 반에서 일등 한 번 해보지 않은 친구가 어디 있느냐는 질문을 던지면 대답이 궁색해진다.

그래서인지 전문가들은 한국인의 천부적 재능 때문이 아니라 선수들의 뼈를 깎는 자세와 치밀한 전략이 성공의 원인이라고 말한다. 흔히 일본을 디테일이 강한 나라라고 말한다. 하지만 양궁에서만큼은 한국이 세계 최강의 디테일을 갖추고 있다는 것이다.

한국의 양궁 지도자들은 끊임없이 새로운 훈련 방식을 도입해 실전에 적용하기를 게을리하지 않았다. 세계양궁협회가 한국의 독주를 막기 위해 시합 방식 등을 바꿔도 한국 지도자들은 치밀한 전략을 세워 실천해나갔다. 공동묘지 산행, 유격 훈련, 비바람이 치는 날 시합하기 등은 다 이런 실천을 보여준다.

한국 국가대표 양궁팀을 이끈 서거원 감독은 이렇게 말한다.

"아무리 새로운 훈련 방식을 개발해 극비리에 시행한다고 해도 외국 지도자들이 수단 방법을 가리지 않고 알아내 바로 따라 한다. 결국, 5개월쯤 지나면 다른 나라가 한국보다 더 나은 방법으로 훈련하고 있다. 그래서 그 5개월간 한국 대표팀은 전과 달리 새로운 훈련 방식을 또 개발해야 한다. 그러지 못하면 정상에 서는 것을 포기해야 한다."[7]

그중 백미는 2004년 아테네 올림픽을 앞두고 실시한 번지점프다. 올림픽을 두 달쯤 앞둔 시기, 한국 남녀 대표팀 여섯 명은 아테네 근처 코린트 운하Corinth Canal로 갔다. 코린트 운하는 폭이 45미터, 깊이 120미터, 길이가 6킬로미터가 넘는 좁고 긴 운하다. 폭이 좁아서 운하 벽이 상할까 봐 배들도 모두 무동력으로 운행하며 예인선이 배를 끌고 갈 정도란다. 에게 해에서 불어오는 골바람이 거센 이곳에는 절벽과 절벽을 잇는 조그마한 다리가 있다. 바로 이곳에 번지점프대가 있다. 줄 길이가 무려 95미터로 다리 위에서 절벽을 내려다보면 오금이 저릴 정도다.

당연히 선수들은 못 뛰겠다고 기절초풍을 했다. 그런데 감독부터 뛰어내리고 선수들에게 점프하라고 지시를 내리자 선수들은 안 할 수도 없었다. 이날 절벽에서 뛰어내린 순서가 올림픽 성적과 일치했다는 것은 주목할 만한 점이다. 가장 먼저 고공을 갈랐던 박성현 선수는 여자 개인전 금메달을 땄고 두 번째로 뛴 이성진 선수는 은메달을 건졌다. 마지막으로 몸을 날린 여자 선수는 개인전에서 메달을 놓쳤다. 남자 선수들은 여자 선수들이 다 뛴 후에 뛰었다. 그들은 결국 개인전에서 메달을 하나도 따지 못했다.

서거원 감독은 이것이 우연이 아니라고 말한다. 주어진 과제와 목표를 대할 때 적극적이고 능동적으로 하는 사람과 부정적이고 수동적으로 하는 사람의 차이는 클 수밖에 없다는 것이다. 어차피 해야 할 일이라면 즐겁게 적극적으로 하는 것이 성과 향상으로 직결된다는 얘기다.

널리 알려진 'X−Y 이론'을 만든 사람은 미국 MIT대 경영학과 교수로 있는 더글러스 맥그리거Douglas McGregor이다. 다 알다시피 'X형 인간'은 지시를 받고 움직이는 것을 편하게 여기며 연봉 액수가 직업 선택을 하는 데 있어서 중요한 이유가 되는 사람들이다. 반면 'Y형 인간'은 일을 놀이처럼 좋아하며 지시를 받기보다 자기 의지대로 움직이는 것을 좋아한다. 능력 발휘와 자아 실현을 위해 일을 선택하는 사람들이다.

내 직장 생활 패턴을 돌아보면 이 같은 도식적 구분이 잘 들어맞는다. 관리자는 아이디어를 내고 계획과 전략을 세우는 등 지적인 작업에만 참여했고 노동자는 위에서 내려온 지침대로 표준화된 업무를 땀 흘리며 단순 반복함으로써 할당량을 채우면 됐다. 테일러리즘Taylorism이 나온 것은 바로 이런 배경 때문이다. 곰곰이 생각해보면 이런 노동은 노예들의 노동과 비슷하다. 자기 생각을 접고 단순한 일을 하는 데만 본인의 쓰임새를 한정하는 것은 끔찍하다.

지금은 생각하고 실천하는 행위가 한 사람에게서 이뤄진다. 소비자의 다양한 요구와 가치를 구현하려면 과거와 같이 일종의 노예적 패턴으로 일하는 것으로는 어림도 없다. 상사의 눈치나 보면서 겉으로 어쭙잖은 애사심이나 강조하는 위선자는 도태하게 돼 있다. 이제는 자기가 정립한 인생관이나 목표에 따라 스스로 자기 능력을 계발하는 데 헌신할 줄 알아야 한다.

나는 축구를 좋아한다. 축구 팬이라면 다들 그렇듯 한국이 낳은 글로벌 스타 박지성 선수도 무척 좋아한다. 그의 일거수일투족이 궁금할 정도다. 그런데 그의 초등학교 시절을 보면 그가 얼마나 축구에 집중했는지 단적으로 알 수 있다. 그는 초등학교 때부터 축구 일기를 썼다. 열 살을 갓 넘긴 어린 선수가 형식적으로 쓴 것이 아니라 말 그대로 하루를 성찰하는 내용을 담은 것이다. 그렇게 축구에 몰입했는데도 그가 수원공고를 졸업하자 아무도 오라는 데가 없었다. 우여곡절 끝에 명지대학교에 입학했는데 축구 선수가 아니라 테니스 선수 자격이었다. 이런 시련을 겪으면서도 박지성 선수가 보인 반응은 매우 흥미롭다. 다른 사람 같으면 크게 좌절하고 선수 생활을 지속할지 말지까지 심각하게 고민했을 법하다. 그런데 박지성 선수는 달랐다. 그가 보인 반응은 "나는 내가 최고이고 누구보다 잘한다고 생각했는데 세상은 나를 그렇게 보지 않았다"는 것이었다.

이토록 여문 자신감은 어디에서 나왔을까. 아마 축구 이야기로 도배된 축구 일기와 그의 자신감을 연결해보면 고개가 끄덕여진다. 그는 어린 나이에도 한눈팔지 않고 매일같이 실력을 닦아왔고 이에 대해 스스로 자부심을 지녔던 것 같다. 게다가 '꼭 성공할 것'이 아니라 '반드시 성공하고야 말겠다'는 긍정 어린 확신도 서 있었던 것 같다. 실력, 재능, 노력을 포함해 자기 자신에 대해 가장 잘 아는 사람은 결국 자신이다. 자신이 가야 하는 길에 대해 확신이 없는 사람은 주위의 평가에 휘둘린다. 하지만 중심을 잡은 사람은 남다를 수밖에 없다.

스스로 확신한다는 것은 노력하고 고민하고 다시 노력하는 일련의 과정에서 자신에게 부여된 생의 의미를 어렴풋이나마 깨달은 자만이 가질 수 있는 특권과도 같다. 바로 Y형 인간의 특권이자 테일러리즘을 극복한 사람의 특권이다.

## 평범한 사람이 장외 홈런을 치는 비법

탁월함에 대한 생각을 바꿔야 한다. 흔히 사람들은 치열한 경쟁을 뚫고 살아남는 자가 탁월하다고 믿는다. 틀린 것은 아니지만 이런 경쟁 구도에 대해 다시 생각해볼 필요가 있다. 가장 중요한 것은 이기고 지는 것이 아니다. 남녀 양궁 대표팀도, 박지성 선수도 최고가 될 수 있었던 것은 단순한 승부욕 때문이 아니라 더 고차원적인 욕망이 있었기 때문이다. 치열한 경쟁을 통해서만 동기 부여가 되는 사람은 절대 탁월함에 이를 수 없다. 우리 부모들은 백약이 무효인 경쟁 심리 때문에 자녀를 유아 시절부터 학원으로 내몬다. 하지만 그렇게 공부시켜봐야 자녀는 결국 남들과 비슷한 경로를 밟게 된다. 서로에게 기어 올라가 상대를 떨어지게 해야 이기는 제로섬 게임의 장으로 자녀를 던져버리는 꼴밖에 안 된다.

이기고 지고를 떠나 자신이 염원하는 목표에 도달하고 싶은 욕망이 있어야 발전할 수 있음은 「토끼와 거북이」 우화에서도 잘 드러난다. 거북이는 자신의 역량을 알기에 해지기 전에 결승점에 도착한다는 목표를 정하고 우직하게 걸음을 내디뎠다. 하지만 토끼는 자신만의 목표 없이 오직 경쟁 상대만을 의식했다. 이 때문에 토끼는 나태한 레이스를 펼쳤고 결국 지고 만다.

이 우화의 교훈은 '느리고 우직하게 가면 이긴다'가 아니다. 우직해도 느리면 탁월해질 확률은 지극히 낮아진다. 이 우화의 진정한 교훈은 경쟁 상대방이 아니라 자신만의 진정한 꿈이나 목표가 있어야 한다는 것이다. 무한 경쟁을 통한 자아 실현은 원형극장의 검투사 인생과 다를 바 없다. 아무리 이겨도 검투사가 이 원형극장을 벗어나는 길은 결국 상대방의 칼에 맞아 쓰러지는 순간 뿐이다. 인생의 가치는 남을 이기는 데 있는 것이 아니라 남과는 달리 자신만의 것을 추구하고 완성하려고 애쓰는 데 있다.

인생을 사는 이런 자세를 견지하면서 우리 일에서 남과 다르게 탁월한 성과를 내는 방법을 생각해보자. 여기에는 많은 방법이 있을 수 있다. 내 경험상으로는 메모하는 습관이 탁월한 성과를 내는 데 확실한 도움이 된다. 메모하는 습관은 우리의 사고를 끊임없이 수정하고 보완해 좀 더 완성도 있는 사고로 이어질 수 있도록 도와준다. 특히 요즘처럼 집중력을 발휘하기 어려운 시대에 메모의 순기능은 일일이 말하기 어려울 정도다. 작은 불청객에 의해서도 연기처럼 사라지는 생각을 낚아챌 수 있다면 이미 성공의 문을 열어젖혔다고 말할 수 있다.

오르고 또 올라 자신이 애초에 목표로 삼았던 것을 이루기 위해서는 작은 목표들이 계단의 각 단계처럼 무수히 존재해야 한다. 아무리 높은 태산일지언정 우리 눈앞에 길이 있고 지도가 있다면 못 오를 리 없다. 그러나 인간이 세운 목표는 사실 뚜렷한 길도 없고 명확한 지도도 없다. 그래서 더 중요한 것이 메모다. 메모는 큰 목표로 가기 위한 작은 계단을 만드는 것과 같다. 메모를 보면서 사고를 체계화할 수 있다. 또 끊임없이 다른 사고로 연결하는 다리로 활용할 수 있다. 메모가 창조성을 끄집어내는 알라딘의 요술 램프 또는 생각을 키우는 인큐베이터 역할을 해주는 것이다.

메모가 중요한 것은 글의 힘이 강하기 때문이기도 하다. 각종 상념은 머릿속을 윙윙거리며 휘젓고 다녀 외려 두통을 유발할 뿐이다. 하지만 글은 구체적 의미, 이미지, 의지를 전달한다. 그래서 성공한 사람 중에는 나태해지려는 자신에게 애초에 품었던 의지를 상기하게 하는 말, 나약해지는 의지를 북돋아 주는 말, 초심을 기억하게 하는 말 등을 글로 표현해 가까이 두는 사람이 많다.

기업도 마찬가지다. 많은 기업은 그 정체성을 집약적으로 보여주는 슬로건을 만들어 종업원들로 하여금 항상 기업이 추구하는 최고의 가치를 염두에 두도록 한다. 사우스웨스트 항공의 CEO 허브 켈러허는 대표적 사례로 꼽힌다. 켈러허는 사우스웨스트 항공을 경영하면서 '저가 항공'이라는 슬로건에 지속해서 초점을 맞췄다. 그는 한 언론과 인터뷰하면서 다음과 같은 질문을 받았다.

"새로운 마케팅 담당자가 당신에게 이렇게 주장한다면 어떻게 하시겠습니다. 휴스턴발 라스베이거스행 비행기에 탑승한 승객이 피넛한 봉지보다 치킨 샐러드를 서비스받고 싶어한다고요."

켈러허는 이에 대해 다음과 같이 대답했다.

"우리가 저가 항공이라는 목표에 한 걸음 더 다가가는 데 그게 도움이 될까요? 만약 그렇다면 마케팅 담당자의 제언을 받아들여야죠. 반대라면 일고할 가치도 없어요."

사우스웨스트는 '최고의 저가 항공사'라는 이미지 덕분에 승승장구할 수 있었다. 켈러허는 이를 항상 염두에 두고 직원들의 뇌리에 박히게끔 말하고 행동했다.

『스틱!』Made to Stick: Why Some Ideas Survive and Others Die라는 책은 뇌리에 착 달라붙는 메시지의 힘을 다루고 있다.[8] 이 책을 보면, 위와 같은 종류의 슬로건이 인위적으로 일의 우선순위를 정해주는 효과가 있다고 한다. 슬로건이 분명한 조직일수록 직원들이 무엇을 생각하고 어떻게 대응해야 하는지 가르쳐준다는 것이다. 강력한 슬로건을 만들면 성공에 더 가까이 다가갈 수 있다.

메모하는 습관은 달리 말하면 어디서나 일할 수 있는 자세를 견지하고 있다는 뜻과도 같다. 천재 중의 천재로 통하는 아인슈타인도 엄청나게 많이 끄적거리는 사람이었다. 그의 저서인 『나는 세상을 어떻게 보는가』Comment Je Vois Le Monde라는 책을 보면 얼마나 정연한 논리로 사고했는지 드러난다. 한 번은 아인슈타인이 누군가와 약속을 해서 약속 장소로 그 사람을 만나러 나갔다. 그런데 상대방이 너무 늦게 나왔다. 그 사람은 종이에 무언가를 쓰고 있는 아인슈타인에게 머리를 조아리며 일이 생겨 늦었다고 사죄를 거듭했다. 그러자 아인슈타인은 아무 일 없었다는 듯 태연하게 말했다.

"저는 아무 데서나 일할 수 있어요. 미안할 것 없습니다."[9]

그는 그만큼 메모를 활용한 것이다. 메모는 바쁜 직장인에게 필살기를 가꿀 수 있도록 해준다. 또 시간이 부족한 사람들에게 효율적으로 시간을 활용하게끔 도와준다. 항상 곁에 펜과 메모지를 두라. 아니 이제는 스마트폰으로 메모할 수도 있다. 나도 이제는 스마트폰의 「메모장」을 분신처럼 소중히 활용한다. 메모를 잘 활용하면 남다른 사람이 될 수 있다. 평범해 보이는 우리가 장외 홈런을 치는 방법이다.

2장

다리를
건너라

# 1. 직장과 천직 사이의 다리

## 인생의 주도권을 쥐기 위한 노력

찰스 핸디Charles Handy는 『코끼리와 벼룩The Elephant and the Flea』[10]이라는 책으로 유명한 사상가다. 그는 1980년대 초에 이미 2000년이 되면 조직에서 종신계약이 크게 줄고 프리에이전트들이 그 빈자리를 차지하리라고 예측했다. 탁월한 혜안의 소유자다. 그는 자신의 저서를 통해 앞으로 회사든 일반 단체든 조직들은 그 활동 범위와 영역을 늘리는 한편 핵심 사업을 축소할 것으로 내다봤다. 또한 핵심 사업에는 24시간 글로벌 사업 운영에 발맞춰 시간과 노력을 아끼지 않는 젊은 사람들이 투입될 것으로 예견했다. 특히 많은 회사 조직이 군대 같은 연령 프로필을 갖게 될 것으로 내다봤는데, 조직에서 최고경영자CEO의 나이가 점점 어려지고 40세만 돼도 회사에서 옷을 벗어야 하지 않을까 노심초사하는 요즘 직장인들의 비애를 떠올리면 씁쓸하지만 틀린 말은 아니다. 핸디가 주장한 핵심은 '이제 회사는 많은 사람이 거쳐가는 첫 번째 이력 또는 벼룩생활로 가는 전주곡이 될 것'이라는 점이었다.

굳이 핸디의 통찰력이 아니더라도 우리는 세상이 바뀌었음을 안다. 이제 직장과 구성원 간의 관계는 어느 누가 일방적으로 지시하는 수직적 관계가 아니요, 또 어떤 일이 벌어져도 서로 가족처럼 챙기고 돌봐주는 시혜적 관계도 아니다. 매몰차게 들릴 수는 있지만, 직장과 소속원의 관계는 비즈니스 파트너에 가깝다고 볼 수 있다. 다만 조직의 특성상 서열과 위계가 존재한다. 조직은 여기에 경쟁 시스템을 도입해 구성원의 나태를 막고 분발을 유인할 뿐이다.

조직과 개인 간에 작용하는 이런 역학 관계를 명확히 인식한다면, 업무를 통한 자기 발전과 더불어 회사 이후의 삶을 위한 추가적 노력을 기울여야 하는 것은 당연하다. 도태되지 않고 생존하기 위한 발버둥일 뿐만 아니라 자신의 인생에서 주도권을 행사하기 위한 일종의 자기 표현 방식이기도 하다. 자신에게는 있어도 남들에게는 없는 희소한 능력을 계발하기 위해 적극 노력해야 한다. 자신이 꿈꾸는 미래를 위해 평소 시간을 투자해 3년이고 5년이고 목표를 이룰 때까지 꾸준히 밀고 나가는 이유도 바로 이 때문이다. 기업도 마찬가지다. 백년대계를 바라보는 차원에서 현실에 안주하지 않고 미래의 먹을거리 탐색에 백방으로 힘쓰는 기업만이 살벌한 생존 경쟁을 뚫고 앞서 나가게 되는 것과 같은 이치라고 할 것이다.

비 올 때 조직이 우산을 받쳐주지 않는다는 냉엄한 현실을 알면서도 게으름, 나태, 안일한 본성에 굴복하는 사람들의 미래는 뻔하다. 비 오는 날 길바닥에 착 달라붙은 잎사귀 신세처럼 희망도 꿈도 없는 볼품없는 존재로 전락하게 되는 것이다. 찰스 핸디의 통찰은 내가 스스로 꿈을 꾸지 못하고 타인의 꿈과 조직의 꿈을 내 꿈으로 받아들이는 순간 노예로 전락하게 된다는 얘기와 같다.

고타마 싯다르타는 태어날 때 이렇게 말했다고 한다.

"천상천하 유아독존天上天下 唯我獨尊."

이 세상에서 내가 제일이라고 기염을 토한 것이다. 이는 액면 그대로 싯다르타가 자기만 귀하고 남들은 비천하다는 오만불손한 언사를 내뱉은 것으로 봐야 할까. 철학자 강신주 씨는 그렇지 않다고 말한다. 그는 싯다르타의 이 말이 모든 인간이 자신의 절대적 존귀함을 자각하도록 하기 위한 가르침이었다고 해석했다. 스승을 모방하는 데 급급해 자신의 삶을 살지 못하는 것을 경계하고 독존과 자유의 삶을 영위하라는 사자후獅子吼였다는 것이다. 고개가 끄덕여진다.


## 스스로 판단하라


외부에서 삶의 지침을 찾으려는 나약한 태도에서 벗어나 어깨를 펴고 당당히 걸어나가야 한다. 삶에서 전쟁은 우리 바깥에서 일어나는 것이 아니라 기본적으로 우리 내면에서 일어난다. 억압적 체제가 지배를 관철하려는 장소는 바로 우리 내면이다. 당연히 우리가 싸워야 할 곳도 우리 내면일 수밖에 없다.

당신은 스스로 판단하고 생각하기보다 손쉽게 타인의 판단과 생각에 자신을 내맡기고 있지 않은가. 당신 자신보다 멘토들의 생각이 더 뛰어나다는 말은 군색한 변명일 뿐이다. 당신에게 일을 부과하는 조직에 맹목적으로 몰입한 나머지 자기 일이 갖는 의미를 따져보지 않으면 조직의 수발만 드는 무뇌아와 다름없는 존재가 된다.

여기 그 사례가 있다. 바로 철학자 한나 아렌트Hannah Arendt가 1961년 12월 예루살렘에서 열린 아돌프 아이히만Adolf Eichmann의 재판을 기록한 책『예루살렘의 아이히만Eichmann in Jerusalem』에 나오는 내용이다.[11] 개인은 항상 자신의 조직이 의도적으로 또는 은연중에 강요하는 미몽에서 깨어 있어야 함을 일깨워주는 데 더없이 좋은 소재라고 생각한다.

당시 전범으로서 수배를 받고 있던 아이히만은 1960년 5월 아르헨티나에서 이스라엘 모사드Mossad에 의해 체포돼 이스라엘로 강제 송환된다. 그리고 마침내 1961년 12월 유대인 600만 명을 학살한 혐의로 재판을 받게 된다. 아렌트는 재판 과정을 통해 아이히만에게서 느낀 점을 가감 없이 전했다. 아렌트는 아이히만이 자신의 개인적 발전을 도모하는 데 각별히 근면한 것을 제외하고는 어떤 악한 동기도 갖고 있지 않았다는 점에 주목했다. 이런 근면성 자체를 범죄라고 말하기는 어려운 것이었다. 아렌트가 문제 삼은 것은 바로 아이히만이 무슨 일을 하고 있는지 결코 깨닫지 못했다는 점이었다. 상관의 지시를 받아 몸소 악행을 수행하면서도 이에 대해 무감각해지는 일종의 '순전한 무사유sheer thoughtlessness' 상태였다는 것이다. 아렌트는 현실로부터 멀리 떨어져 있다는 것과 이러한 무사유가 인간 속에 아마도 존재하는 모든 악을 합친 것보다 더 많은 대 파멸을 가져올 수 있음을 예루살렘에서 배울 수 있다고 결론짓는다.

아렌트의 이런 지적은 내게 지적 충격을 줬다. 무엇보다 '순전한 무사유'라는 표현은 너무나 놀라웠다. 아무 생각 없이 살았기 때문에 조직에 철저히 이용만 당하는 현실을 이처럼 시적으로 표현하기도 어려울 것이다. 서로 닮은 데라고는 전혀 없는 두 개의 상황이지만, 말하고자 하는 핵심이 상통한다는 점도 내게는 흥미로웠다.

그는 아렌트는 아이히만이 준법과 근면을 철저하게 실천한 관료였다는 사실에 주목했다. 그는 승진을 위해 음모를 꾸미지도 않았다. 나아가 관료 사회에 요구되는 법규를 어긴 적도 없었다. 오히려 아이히만은 소임에 너무도 충실했다. 만약 최고통치자가 아돌프 히틀러만 아니었다면 아이히만은 결코 법정에 서는 일이 없었을 것이다.

하지만 아렌트는 아이히만에게 순전한 무사유의 책임을 물었다. 아이히만은 자신에게 부여된 상부의 명령이 유대인에게 어떤 영향을 미칠지, 그리고 자신이 수행할 임무가 유대인에게 어떤 의미로 다가올지에 대해 성찰하지 못했다. 아렌트는 더불어 살아가는 삶에서 '사유'라는 것이 그저 하지 않아도 되는 권리가 아니라 반드시 수행해야 할 책임이라고 강조했다.

우리의 직장 생활도 그렇다. 진정으로 일에서 기쁨을 찾기 위해서는 자신이 매일 수행하는 일에 어떤 의미가 있는지 매 순간 성찰할 필요가 있다. 일이 단지 상관이 내게 시켰기 때문에 따라야만 하는 어떤 것이라면 그건 우리 자신을 컨베이어 벨트 위의 기계 부품으로 격하시키는 꼴과 같다. 일에 열정이 없는 개인의 운명은 조직과 함께

할 수밖에 없다. 마치 히틀러와 한배를 탄 아이히만처럼 말이다.

현대 사회는 분업화와 전문화를 통해 구조화된 사회다. 우리는 분업화와 전문화가 심해질수록 서로에 대해 무관심해진다. 같은 조직에 있어도 타인이 무슨 일을 하는지조차 모르며 알려고도 하지 않는다. 너무나 구조화돼 있고 바빠서 자기 일이 전체 속에서 어떤 맥락을 지니는지 성찰할 틈도 별로 없다. 현대인이 히틀러 시대의 아이히만보다 더한 무사유로 인해 삶을 그르칠 가능성에 더욱 노출돼 있다는 얘기와도 같다.

당신은 근면과 성실이라는 그럴듯한 핑계로 이보다 먼저 수행해야 할 사유의 의무를 회피하지 않는가. 당신은 당신이 생각해야 할 것을 생각하고 있는지 자문해봐야 한다. 그것을 해낸다면, 당신의 노력은 좀 더 짜임새 있고 전략적인 로드맵에 따라 수행될 것이다. 그리고 쉽게 조직 논리에 함몰돼 자신의 인생에서 절실한 무엇인가를 쉽게 포기하거나 덮어두는 어리석음을 범하지도 않을 것이다. 조직의 관점에서도 마찬가지다. 조직이 발전하기 위해서는 개인의 발전이 선행돼야 한다. 조직이 사풍이란 명분으로 나름의 논리를 구성원들에게 주입하려면 이에 앞서 개인을 설득할 수 있어야 한다. 개인은 항상 조직에 앞서 깨어 있어야 하기 때문이다.


## 먼저 능력을 보여라

직장 생활을 하면서 만족하기란 어렵다. 죽으라 하며 열심히 일하는데 상사는 그런 자신을 알아주지 않는 것 같다. 또 일은 왜 이리 한쪽으로 몰리는지 일을 하는 사람과 그렇지 않은 사람의 업무량이 천양지차인 듯하다. 물론 나는 일을 항상 많이 하는 축에 속한다. 그러니 월급도 내가 한 일보다 적게 받는 것처럼 느껴진다. 게다가 일을 열심히 해도 40대 초중반만 되면 미래를 확신할 수 없는 처지에 놓인다. 그렇다고 세상 물정 모르는 아이처럼 돌로 새긴 듯이 완전무결한 미래를 꿈꿔온 것은 아니다. 하지만 예측할 수 있는 영역은 줄고 유동성은 더욱 커진 세계에 우리가 살고 있다. 이제는 시계 제로의 상황에 유연하게 대처할 수 있는 능력만이 쓸모 있을 뿐이다.

그래서인지 가슴이 더 답답하다. 어떨 때는 숨이 턱 막힌다. 열심히 살면서도 미래를 낙관하지 못한다는 것은 어처구니가 없는 일이고 짜증마저 유발한다. 언제까지 불안 속에서 조바심을 내야 하는지……. 모든 것을 내려놓고 싶기까지 하다. 내 인생은 정말 어디로 굴러가는 건가.

직장이 직원을 돌봐준다? 이는 박물관에서 아이들에게 얘기해주며 추억할 일이 돼버렸다. 직장도 제 한 몸 건사하기 어려운 판국에 구성원 하나하나를 챙겨주기는 어렵다. 이 때문일까. 많은 직장인이 직장에서 소진되기만 할 뿐 제대로 성장하지는 못한다는 사실에 좌절한다. 또 고용 불안정으로 너무나 빨리 버려진다는 사실에 분노한다.

과연 어떻게 하는 것이 잘하는 것일까. 고민이 꼬리에 꼬리를 문다. 어차피 소모품 인생이라면 설렁설렁 일을 대충 하면서 월급을 타가는 것이 현명한 처신인 듯 보이기도 한다. 남들도 다 그렇게 하고 있다고 자위하면서 말이다. 하지만 대답부터 하자면, 자신의 무덤을 파고 싶다면 그렇게 해도 좋다.

시장에 '보이지 않는 손'이 있다면 조직에는 '보이지 않는 눈'이 있다. 조직은 다 안다. 누가 책임감을 갖고 업무에 임하고, 누가 '농땡이'를 치는지. 물론 우리는 밖에서 안을 살필 수 있는 판옵티콘<sub>Panopticon,</sub> <sub>원형감옥</sub>에 갇힌 죄수가 아니다. 상사가 본다고 일을 하는 척하고 상사가 없다고 일을 등한히 한다면 노예나 마찬가지다. 우리는 자신의 만족감과 발전을 위해 일을 한다. 그럼에도 이런 말을 하는 것은 세상에 비밀은 없다는 평범한 진리를 잊지 말기를 바라기 때문이다. 회사라는 조직은 스스로 생존을 도모하기 위해서라도 최고로 노력하는 구성원을 애지중지할 수밖에 없다. 이건 생존 본능이다. 아이가 살기 위해 어미의 젖가슴을 찾는 것과 같다. 그런 맥락의 연장선에서 마음에도 없는 '삽질'을 하는 사람들을 조직이 그냥 둘 리 없다. 직장의 우두머리들은 그들을 보자기에 싸 밖으로 내다 버릴 것이다.

인생의 황금기를 오롯이 같이하는 직장에서 자신의 발전을 꾀한다면 진정 어린 열정으로 업무에 임해야 한다. 당신의 미래를 자기 의지대로 축조하고자 하는 직장인이라면 현업의 기초 위에 우뚝 서기 위해 노력해야 한다. 그리고 허황하고 고비용이 드는 다른 직업, 다른 회사, 다른 자리를 곁눈질하는 데 시간을 낭비하기보다 당신이 지금 땀 흘리는 현업에서 슬기롭게 경력을 계발해 그 업을 확장시켜 나갈 줄 알아야 한다. 내 경험상, 현업에 열중하지 못하는 사람은 제2의 경력도 계발하기 어렵다. 이게 바로 직장인이 처한 현실이고 딜레마다. 일단 자신의 현업에서 보람을 찾을 수 있어야 더 큰 자유를 향해 도약할 수 있다.

## 현업에서 비전을 찾아라

직장인에서 저술가로 독립한 구본형 씨는 자신의 저서 『깊은 인생』을 통해 빛나는 통찰을 제시했다.[12] 요지는 이렇다. 직장인들이 현업에 몰두하지 못하는 가장 큰 이유는 현업에서 비전을 찾지 못하기 때문이다. 현업에다가 미래의 비전에 닿을 수 있는 다리를 하나 놓게 된다면 훨씬 더 몰입하게 된다. 미래의 비전은 현업의 갈 길을 비춰 주는 등대와 같다. 미래를 설계하면서 현업이 더 무의미해지고 당장 떠나야 할 것으로 느껴지는 경우가 있다면 그것은 현업과 미래의 비전 사이에 심연이 있어 서로 닿을 수 없다고 믿기 때문이다. 결국 현업에 대한 몰입도가 중요하다. 몰입을 통해 자신에게서 남들과는 다른 특징과 적성을 발견하게 되고 이를 발전시키겠다는 의지도 품게 되는 것이다.

내가 신문기자라는 현업과 미래의 천직 사이에 가로놓인 심연을 건널 수 있도록 도와준 다리는 바로 저술 작업이었다. 나에게 있어서 책을 쓰는 일은 즐거운 작업이고 내 본성의 결을 따르는 일이다. 저술 활동은, 구본형 씨의 표현을 빌리면, 경제적 도구라는 일과 내가 살고 싶은 삶이 분리되지 않는 일이라고 할 수 있다.

내가 첫 작품을 낸 때는 2009년 9월이다. 이 시점은 지금도 정확히 기억한다. 2008년 9월 15일 글로벌 금융위기 당시 투자은행 리먼브러더스Lehman Brothers Holdings, Inc.가 파산하고 거의 1년이 지났을 때쯤이다. 그 당시는 신문기자로서 가장 혹독하게 일을 배울 때였다. 금융위기가 원체 큰 사건이기도 했고 당시 내가 속했던 부서장도 일에 대해 원체 높은 완성도를 요구하던 분이었다. 덕분에 바짝 긴장하면서 하루하루를 보냈다. 솔직히 그 이전 부서에서는 그런 경험이 없었다.

나는 대학 재학 당시에 책과 가까운 편이었다. 전자공학을 전공하다가 이 분야가 나와 맞지 않는다는 생각이 들어 뒤늦게 정치외교학과로 편입했다. 그때쯤에 이미 신문기자가 되기로 마음을 잡았다. 편입한데다가 신문기자가 되기로 마음먹었으니 늘 시간이 아까웠다. 그래서 나름대로 책을 끼고 산 것이다. 당시 대학교에서 개교기념일에 일 년간 책을 가장 많이 빌린 사람에게 상장과 상품을 준 적이 있다. 내가 학교 전체에서 4위, 사회과학대에서는 1위를 했다. 뒤늦게 철이 들어 책맛을 깨달았기 때문인지 내 '책탐'은 대단한 편이었다.

그러나 신문사에 들어와서는 그러지 못했다. 사생활은 없다시피했다. 내키지도 않는 술자리가 거의 매일 계속됐고 선배들 거들먹거리는 모습도 보기 싫었다. 당시에 나는 나도 이미 기자가 됐음에도 기자들이 매우 되바라졌다는 생각을 했다. 내 눈에 들어오는 기자들의 모습은 소명의식에 가득 차 일에 몰입하는 것보다 술이나 먹는 한량에 가까웠다. 요즘 와서 생각하면 그때는 내가 너무나 달라진 환경에 적응하기 버거웠는지 기자들의 일부 모습을 침소봉대한 측면이 있다. 사실 기자라는 직업 자체가 조금은 건방진 캐릭터를 필요로 하는 측면이 있다. 수시로 취재원들을 만나서 이야기를 듣는 것이 기자의 핵심 업무이다 보니 그렇다. 산전수전 다 겪은 취재원들 속에서 자신의 존재감을 드러내기 위해 기자들, 특히 신출내기 기자들은 과잉 액션을 보이기 쉬운 것이다. 시간이 지나 내가 본 것이 전부가 아니라는 것을 어렴풋이 알게 됐을 때쯤 '기자란 이런 거구나' 하는 일종의 이미지가 생기기 시작했다.

그러나 그때까지도 일에 몰입하지는 못했다. 원하는 직업을 얻은 나였는데도 마찬가지였다. 일은 그저 회사를 위한 것이었을 뿐이다. 그 일에 몰입하지 못하는 나 자신을 면피하기 위해 적당히 해야 하는 대상이었을 뿐이다. 어떤 일에 뛰어들기 전에 먼저 깊이 생각하는 내 성격도 기자라는 직업에 대해 회의감을 불러일으키는 데 한몫한 것 같다.

좋아하던 책과도 멀어졌다. 학교 다닐 때만 해도 도서관 열람실을 수시로 들락거렸지만, 신문사에 온 이후로는 피곤하고 업무가 많다는 이유로 책을 점점 멀리했다. 구름 속을 걷는 듯한 생활이었다. 나는 일과 점점 유리돼갔고 누구도 이런 나에게 정신 차리라고 말해주지 않았다. 그러던 내게 국제부 근무는 터닝포인트가 돼줬다. 처음에는 부장에게 일 못한다는 소리를 듣기 싫어 이전보다 조금 더 일에 열중했지만, 하다 보니 재미가 붙기 시작했다. 그러자 기사를 쓰는 데도 『파이낸셜타임스』 『월스트리트저널』 등 외신만 가지고는 성에 차지 않았다. 도서관에서 업무와 관련한 책을 빌려 읽기 시작했다. 점점 일에 속도가 붙어가는 것을 느낄 수 있었다. 예전에는 하기 어렵던 일이 점점 쉬워졌다. 그동안 지식도 늘었고 업무 능력도 향상됐기 때문이다.

이런 몰입의 시기가 지나자, 내게 기자에 대한 이미지가 형성된 것처럼 글로벌 금융위기에 대한 나름의 이미지가 생기기 시작했다. 이것이 바로 저술 활동에 입문하게 된 계기가 됐다. 저술 활동을 시작하면서부터 그동안 나태했던 내가 없어졌다. 뒤늦게 전공을 바꾸고 매사에 열심히 생활하던 나로 변해 있었다. 기자라는 직업에서 확장된 저술 활동은 내게 그런 의미가 있다.

## 장인정신이 성장을 낳는다

결국 핵심은 현업에서 자신의 꿈을 실현할 실마리를 찾아야 한다는 점이다. 자신이 몸담은 자리에서 자신의 정체성을 정녕 구현해내기 어렵다면 다른 길을 찾아야 한다. 너무나도 중요한 이 점을 확인하기 위해서는 어떻게 해야 할까. 일단 현재의 일에 온몸을 던져야 한다. 현업을 통해 자신의 자질이나 적성이 무엇이고 현업에서 어떻게 나타나는가 살펴보면서 자신이 추구하는 목표나 꿈을 이루기 위해 이것들을 어떻게 적용할 수 있을지 이리저리 테스트해봐야 한다. 마치 퍼즐을 맞추듯 이런 과정은 줄기차게 이어져야 한다. 이런 모색은 일에 몰입하면서 자신의 내면과 독대하는 일련의 과정이다. 이 단계를 거쳐야만 그동안 막연하게 느껴지던 미래의 길이 조금씩 보이기 시작한다.

부단히 갈구하라. 그러면 어느새 옥동자 같은 성과물이 하나 둘 나오게 된다. 옥동자라고 표현한 것은 그것이 개인의 소중한 땀, 노력, 몰입의 결정체임을 강조하기 위한 것이다. 다른 사람들이 이런 성과물을 본다면 그들은 이것을 당신의 정체성이나 트레이드마크처럼 인식하게 된다. 이런 인식을 통해 당신의 노력과 몰입은 단지 당신의 주관적 평가를 넘어서서 객관적으로 평가받는 계기가 될 것이다.

현실에 충실한 결과로 도출한 남다른 성과물은 당신의 현 직장과 평생 업으로 삼을 만한 천직 사이에서 가교 역할을 할 수 있다. 그렇다고 당장 성과가 나야 하는 것은 아니다. 치밀한 계획, 자신의 재능, 한계에 대한 명확한 분석 등을 통해 일을 추진해야 한다. 때로는 현실의 벽을 뛰어넘기도 하고 때로는 타협하기도 하면서 성장의 기회를 지속적으로 만들어나가야 한다. 그런 과정 자체가 소중하다. 성공 경험이든 실패 경험이든 자만하거나 좌절하지 말고 끊임없이 자신을 담금질한다면 이런 피드백은 당사자를 고양하고 성장시킨다.

이런 과정은 비즈니스 세계로 시각을 돌려봐도 마찬가지다. 냉혹한 비즈니스 세계에서 일가를 이루기 위해서는 일종의 장인정신을 가지고 자신의 업무를 대해야 한다. 중국 시장을 예로 들어 설명해 보자. 세계 최대 시장인 중국에서 성공하는 기업은 손에 꼽을 정도다. 기업이라면 전부 들어가서 성공하기 원하는 시장인 만큼 경쟁이 워낙 심하고 중국 정부의 규제 수위도 점점 높아지는 탓이다. 여기에다 땅덩이가 커 같은 나라라고 하지만 지역마다 규제 환경이나 소비자 특성도 천양지차다. 대증요법적 처방전을 들고 설불리 진입했다가는 쪽박을 차는 시장이 바로 중국이다.

이런 중국에서 놀라운 성공을 한 기업이 바로 의류 분야의 이랜드다. '이랜드' '티니위니' '스코필드'를 비롯한 이랜드의 대표 브랜드 열 개는 백화점 패션 매장에서 매출 상위권을 다투고 있을 정도다. 이런 실적은 중국 전역 130개 주요 도시의 500개 백화점에서 한결같다.

중국에 진출한 패션 기업으로 유례없는 성장을 이룬 이랜드지만 중국 진출 초창기에는 시행착오의 연속이었다. 실제로 이랜드가 중국 시장에서 첫 수익을 낸 것은 2001년으로 매출은 168억 원에 불과했다. 1994년에 중국에 생산공장을 설립한 뒤 1996년부터 중국에 매장을 내고 중국 패션 시장을 공략한 이랜드는 급하게 마음먹지 않았다. 중국인의 정서부터 제대로 체득해나간다는 심정으로 수년간 현지에서 노하우를 쌓는 데 힘썼다. 당장 물건을 팔기보다는 심모원려深謀遠慮의 심정으로 브랜드의 정체성을 만들어 나가고 중국 내 유통업체 등 사업 파트너와 소비자의 신뢰를 쌓는 데 공을 들인 것이다. 그 결과 2005년에 처음으로 1,000억 원대 매출을 올리더니 2010년에 매출 1조 원을 넘겼고 2012년에는 무난히 2조 원을 넘길 것으로 전망하고 있다. 반면 국내 시장에서 패션 업계를 호령하는 굴지의 브랜드들은 중국에서 죽을 쑤고 있다. 매출 1조 원은커녕 1,000억 원도 버거운 곳이 대부분이다.

이랜드의 중국 성공은 어떻게 가능했을까. 바로 직원들의 장인정신에서 찾을 수 있다. 이랜드는 우보천리牛步千里의 전략으로 중국 시장에 접근했다. 국내 기업들 대부분은 소득 수준이 국내보다 낮은 중국 시장을 만만히 보고 한국에서 팔다 남은 재고를 가져다 팔면 될 것이라고 안이하게 접근했다. 그 결과는 곧 실패였다. 그러나 이랜드 중국사업부 법인장인 최종양 대표는 지역마다 색깔이 확연히 다른 중국 시장에 대해 정확한 지식과 정보부터 구했다. 특히 최종양 대표는 부임 전에 중국 관련 서적 100권을 독파했다. 부임 후에는 기차로 6개월간 중국 전역을 순회했다. 이는 중국에 새로 부임하는 경영진에 이랜드 그룹의 문화로 계승되고 있다.

여기에는 박성수 이랜드 그룹 회장의 지시도 한몫했다. 박성수 회장은 중국 비즈니스에서 성공하려면 중국의 역사, 문화, 사고방식 등에 두루 통달해 중국인을 이해해야 한다며 중국 관련 서적 100권을 읽으라는 특명을 내렸다고 한다. 그래서 최종양 대표는 책 100권을 읽는 것뿐만 아니라 중국 순회까지 실천에 옮겼다. 그는 아주 작은 행정구역인 쩐(한국의 읍) 단위의 시장조사를 위해 기차와 싸구려 버스는 물론이고 한국의 여관이나 여인숙 정도의 숙박까지 가리지 않고 전국 순회를 감행했다. 생산의 중요성을 누구보다 잘 아는 그였기에 각 지역에 있는 백화점은 물론 생산공장까지 꼼꼼히 검증한 것이다.

개척되지 않은 광활한 기회의 땅 중국. 그러나 이는 반대로 무턱대고 발로 뛸 수만은 없다는 한계로 작용할 수도 있다. 도시 간 이동 시간은 짧아야 다섯 시간에서 길게는 무려 30여 시간이나 됐던 것이다. 밤낮을 달리는 기차 안에서 입에도 맞지 않는 중국 음식에 고전하고 탈이 난 배를 움켜쥐며 사업장을 돌던 날이 적지 않았다고 한다. 이런 낯선 경험들을 바탕으로 사전 현장조사의 중요성을 뼈저리게 느낀 이랜드 직원들은 중국 대도시 곳곳을 일일이 방문하며 백화점 목록을 작성하고 세밀한 조사를 이어갔다. 또한 백화점 전개에 필요한 도시별 특징을 차차 습득해가면서 이랜드의 가능성에 대해 확신하게 됐다.

이렇게 발로 뛴 현장조사 덕분에 이랜드는 중국 시장에 맞는 브랜드 론칭 전략을 세울 수 있었다. 빨간색을 선호하는 중국 문화의 특성을 고려해 매장의 로고 색상을 빨간색으로 선택했다. 중국 고객들의 친밀도를 고려해 이랜드 대신 '이리엔衣戀'이라는 브랜드명을 개발했다. 발음하기 쉽고 기억하기 쉬운 중국형 명칭을 가지고 소비자들에게 다가간 것이다. 기존의 이랜드를 버리고 철저히 중국 소비자들의 성향에 맞춰 브랜드를 론칭한 것이다.

현장에서 몸으로 부딪치며 체득한 정보와 지식은 모두 자신의 것이 된다. 자신이 열심히 노력한 결과 조직이 크게 성공했다면 이보다 앞서 자신이 큰 성공을 쟁취한 것이다. 성공한 조직과 함께한 조직 생활을 통해 얻은 노하우로 자신의 경쟁력을 높이는 것은 물론이거니와 혹여 그 조직을 떠나더라도 그는 어떤 기업에서라도 환영받을 수 있다. 그러나 이런 과정을 통해 얻게 되는 가장 큰 소득은 사실 다른 데 있다. 어떤 목적을 달성하기 위해 전력투구함으로써 자신이 원하는 것을 이뤄본 체험과 자신감이 그것이다. 이는 단순히 돈으로 환산할 수 없을 정도로 귀중한 자산이다. 어떤 일을 하더라도 자신감을 느끼면서 임할 수 있는 보이지 않는 원동력이 될 것이다. 이랜드가 중국 시장에 진출하는 과정에서 몰입과 전력투구라는 장인정신을 발휘해 얻은 체험과 자신감이 바로 이랜드가 중국 시장에서 성공할 수 있는 원동력이 된 것처럼 말이다.


## 플랫폼 활용하기

아이디어를 구체화해 성과물을 내는 과정은 성공 여부와 별개로 '플랫폼'을 구축하는 데 큰 도움을 준다. 플랫폼은 말 그대로 풍요롭고 안정된, 더 독립적이고 자유로운 미래를 향해 전진하기 위한 일종의 정거장으로 생각하면 된다.

나는 국제부 재직 시절에 첫 책을 냈다. 처음에는 모든 것이 어렵다. 나도 처음에는 기자라는 타이틀만 있을 뿐 내가 가진 것은 초라했다. 남들이 주목할 만한 임팩트 있는 경력이 내게는 없었다. 당연히 출판사도 우여곡절 끝에 잡았다. 내 첫 작품의 원고를 본 한 대형 출판사 사장님은 내게 이런 말을 해줬다.

"이 기자, 글은 좋은데, 생고생만 한 게 아닌가 싶기도 해. 우리가 기자들에게 원하는 원고는 이런 게 아니거든. 이런 주제는 교수들이 써야 해. 이건 접고 딴 거 한번 써 봐요. 우리가 주제를 줄게. 내가 웬만하면 원고를 보고 직접 찾아오진 않아. 그래도 이 기자의 글이 마음에 들어 여기까지 온 거라고."

듣기 좋은 소리 같지만, 요점은 책을 못 낸다는 얘기였다. 자존심이 상했다. 그래도 나는 제풀에 포기하지는 않았다. 계속해서 손을 들자 나를 호명해주는 출판사가 나왔다. 신생 출판사였지만, 내게는 너무나 고마운 일이었다. 드디어 책을 내는 데 성공한 것이다. 그 뒤로도 네 권의 단행본을 더 냈다. 4년 새 단행본만 총 다섯 권을 냈으니 1년에 한 권이 넘는 셈이다. 어떻게 이것이 가능했을까. 사실 내게 집필은 어려우면서도 쉬운 일이다. 때로는 내가 이 고생을 왜 하나 싶다가도 내가 책을 쓰는 일을 진심으로 좋아한다는 것을 느끼곤 한다. 지금도 쓰고 싶은 책 주제와 관련해서 각종 아이디어가 머리를 맴돈다. 출판을 거절당했던 신출내기 작가 지망생이 이제는 책을 어떻게 써야 하는지, 어떤 과정을 거치는지 어느 정도 알 만한 작가가 된 것이다.

아직 작가로서 경력이 성숙하지 않은 사람에게 출판사를 잡는 일은 버겁다. 출판사는 자신의 아이디어가 시장에서 팔릴 수 있도록 작업을 해주는 일종의 제휴 파트너다. 원고를 완성하는 만큼의 수고는 아니더라도 출판사의 선별 작업은 작가에게 매우 중요한 일에 속한다. 출판사는 작가의 파트너로서 작가가 경력을 계발하는 데 큰 원군이 돼줄 수 있기 때문이다.

그런데 나는 결과를 염두에 두지 않고 일단 시도했다. 이렇게 하는 것이 중요한 이유는 직장과 천직 사이를 연결해줄 첫 다리가 깔리고 나면 다음번 다리를 까는 일이 점점 더 쉬워지기 때문이다. 첫 작품을 내기 어려워 그렇지 스타트를 하고 나면 그 경험은 순풍이 돼 배를 앞으로 밀어준다. 자신의 성과물을 시장에 퍼뜨리는 것은 자신의 플랫폼을 점점 크고 우람하게 구축하는 일과 밀접하게 연결돼 있다. 첫 시도가 그것의 출발점이 돼준다.

나는 두 번째 책인 『엉터리 경제학』도 같은 출판사에서 냈다. 흥행 성적은 신통치 않았다. 세 번째 책 『기자, 편집된 진실을 말하다』는 원고를 다 쓰고 대형 출판사의 문부터 두드렸다. 별 기대는 안 했는데 연락이 왔다. 내 주겠다는 것이었다. 나중에 알고 보니, 내가 보낸 원고도 괜찮았고 이전에 낸 책도 살펴보니 내용이 좋아서 결정했다고 했다. 베스트셀러는 아니었더라도 그 책들이 나를 좀 더 수월한 길로 이끌어준 셈이다. 네 번째 책 『카페베네 1등 성공신화』도 출판사가 내 책들을 살펴보고 필력이 있다고 판단해 집필을 요청해서 만들어졌다. 이전의 경험이 다리가 돼 다른 기회로 연결되는 우연은 이후에도 계속됐다. 그 일련의 사건들을 역추적해 거슬러 올라가면 경력 계발의 선순환 구조를 알 수 있다.

정리해보면, 첫 책을 출판하면서 그간 없었던 나만의 플랫폼이 만들어졌다. 그 플랫폼을 본 사람들이 내가 능력을 발휘할 새로운 기회를 제공했다. 이런 과정의 연속으로 내 플랫폼은 점점 더 커지게됐다. 그 결과 내 플랫폼을 볼 수 있는 사람도 더 많아지게 됐다. 이런 과정은 지금도 계속되고 있고 내 경력도 이와 더불어 성장하는 것이다.

플랫폼이 크고 강해지면 어떤 아이디어든 좀 더 높은 언덕에서 출발할 수 있다. 자기 계발의 본질은 낮은 곳에서 높은 곳으로 올라가는 산행과 같은 고행이지만 플랫폼이 잘 갖춰져 있으면 스키 활강과 비슷해진다. 성공 경험을 축적한 이후에는 일을 완성할 때까지 동력을 잃지 않고 작업해나갈 가능성이 이전보다 훨씬 커진다. 주위의 관심도 많아지고 당사자의 노력도 배가하기 때문이다. 동력이 커지면 추진력도 쉬 사라지지 않는다. 예컨대 플랫폼이 크면 그 영향으로 일감이 더 들어오고 당사자는 이에 자극을 받아 노력을 더 기울이게된다. 그만큼 플랫폼은 소중하다. 쉽게 얻을 수 있는 것도 아니다. 오랜 노력과 준비가 필요한 것은 당연하다. 자신의 아이디어를 세상으로 내보낼 수 있는 환경을 만드는 것은 그래서 의미가 크다.

그러나 개인 차원의 성과물은 플랫폼이 되기도 하지만 확장성의 관점에서 볼 때 더디다는 한계가 있다. 그래서 이미 만들어진 플랫폼을 활용하면 확장성에 도움이 된다. 네트워크 측면에서 촘촘하고 규모 측면에서 거대한 기존 플랫폼에 자신의 성과물을 띄워 세상에 내보낸다면 더 큰 시장성을 확보할 수도 있다.

비즈니스 세계에서 이런 예는 많다. 많은 가수가 공중파의 가요 프로그램에 악착같이 출연하려는 이유를 생각해보자. TV가 미디어의 중심이던 과거와 비교하면 요즘의 시청률은 이에 훨씬 못 미치는데도 가수들은 가요 프로그램에 앞다투어 출연하려고 한다. 이는 바로 그 프로그램의 시청자들이 열정적으로 유튜브 등과 같이 확장성이 큰 플랫폼에 영상을 퍼 날라주기 때문이다. 싸이가 「강남 스타일」로 세계 음악계에 일대 충격을 줄 수 있었던 것도 유튜브가 큰 역할을 했다.

단군 이래 처음으로 모든 국민이 한다는 디지털게임 「애니팡」도 그렇다. 이 게임을 개발한 선데이토즈의 이정웅 사장은 어마어마한 이용자를 확보한 카카오톡을 플랫폼으로 활용했다. 그는 편리한 스마트폰이 거의 모든 사람에게 보급되면서 이용자들이 과거처럼 PC 앞에 앉아 소셜게임을 하지는 않으리라 판단했다. 이 판단이 주효한 것이다.

# 2. 레버리지 효과를 항상 염두에 둬라

## 업의 확장

같은 직장에서 일해도 한 해 두 해 시간이 흘러감에 따라 사람마다 능력에 차이가 나타난다. 입사 당시만 해도 얼추 비슷한 능력으로 직장에 들어가지만, 일을 대하는 태도나 가치관에 따라 능력은 천양지차로 벌어지기도 한다.

그렇다면 능력이 있다는 직원은 어떤 사람일까. 내가 보기에 그들은 자신이 처한 환경에 지배를 당하기보다 잘 활용해 발전을 꾀하는 데 뛰어난 사람들이다. 예컨대 그들은 레버리지 효과leverage effect를 현실에서 구현할 줄 안다. 레버리지 효과란 다른 사람에게 빌린 자본을 지렛대 삼아 자기자본 이익률을 높이는 것이다. 빌린 돈에 대한 금리보다 높은 수익률이 예상될 때 다른 사람의 자본을 적극 끌어들여 투자하면 유리하다는 점이 핵심이다. 다시 말해 작은 힘으로 커다란 물건을 움직이는 힘, 즉 소액 투자로 거액의 이익을 보는 것을 말한다.

이를 직장 생활에 적용해보자. 레버리지 효과를 내기 위해서는 제 업무를 통해 배운 전문 지식을 비롯해 사람들과 부대끼면서 터득한 경험과 노하우를 자기화하려는 노력이 선행돼야 한다. 그렇게 하는 사람들은 환경에 철저히 적응해 여기에서 자신에게 유용한 것들을 뽑아내는 능력이 탁월하다. 그래야 자기화한 것을 바탕으로 더 큰 것을 만들어낼 수 있고 직장이 구성원에게 줄 수 있는 것들을 제대로 활용해 자신의 능력을 극대화할 수 있다. 예전 같으면 이런 직장인들을 두고 본업은 등한시하고 자기 욕심만 챙긴다고 말하는 상관도 있었을 것이다. 하지만 이제는 세상이 달라졌다. 조직 안에 있더라도 개인은 자신을 브랜드화하려고 노력해야 한다. 스스로 경쟁력을 갖춰야 그런 개인들이 모인 조직도 성장하는 것이다.

일례로 신문기자인 나는 업무를 통해 접하는 사람들과 전문적 지식을 활용해 책을 냈다. 취재를 통해 알게 된 것을 사회와 나누고 싶었다. 하지만 언제부터인가 기사로 이 모든 것을 담기에는 한계가 있다는 것을 문득 깨달았다. 이럴 때 책이라는 프레임은 아주 유용하다. 책을 통해 내 경험과 생각을 제약 없이 말할 수 있기 때문이다. 특히 나는 스스로 프로듀서가 돼 책의 모든 것을 기획하고 만드는 서술 작업에 큰 매력과 보람을 느낀다. 데스크의 지시를 받아 큰 틀 일부를 채우는 기사 쓰기와는 또 다른 매력이 있기 때문이다.

저술 활동은 특정 주제에 대해 긴 호흡으로 짜임새 있는 글을 쓰는 지적 노역인 만큼 기획력과 사고력을 키우는 데 좋다. 이런 '사고 근육'들을 평소에 키워두면 신문기사를 쓸 때도 큰 도움을 받을 수 있다. 기사와 저술 작업은 서로 다른 맥락과 특징을 갖고 있지만, 서로 긍정적 시너지 효과를 기대할 수 있다.

언론 매체가 급격히 많아지고 통신 수단도 발전하면서 언론 환경도 크게 바뀌었다. 신문기자의 위상도 예전만 못하다. 연봉이나 근무 여건도 그렇고 사회적 시선도 그렇다. 그래도 기자를 지망하는 사람이 적지 않은 것은 바로 기자라는 직업이 갖는 '업의 확장성' 때문이 아닐까 싶다. 일반인이 만나기 어려운 여러 사람을 만나고, 여러 지역을 돌아다니고, 또 여러 분야의 지식을 경험하면서 자신의 업에서 확대된 새로운 기회를 창출하기에는 기자라는 직업이 더없이 좋은 조건일 수 있다는 뜻이다.

당장 큰돈을 벌어다 주지 못하는 직업이라도 레버리지 효과가 가능하다면 현재의 열악한 조건을 감수할 수 있다는 것이 내 생각이다. 외식업이나 식품업 분야는 연봉이 다른 직종에 비해 짜고 일도 팍팍하기로 악명이 높다. 그럼에도 많은 젊은이가 이 분야에 뛰어드는 이유가 있다. 어렸을 때 기업에 들어가 식품산업이 돌아가는 원리, 소비자와 시장의 트렌드, 생리, 음식 메뉴와 관련한 실용적 지식과 노하우를 배워 후일 자기 사업을 하고자 하는 이가 많기 때문이다.

내가 아는 한 지인은 프랜차이즈산업이 활성화되기 전에 일찌감치 이 분야에 뛰어들어 대학교수가 됐다. 이제는 프랜차이즈라고 하면 모르는 사람이 없을 정도가 됐지만, 10년 전만 해도 프랜차이즈라는 단어는 낯설었다. 이 지인은 컨설팅 사업을 하면서 돈을 벌면서도 꾸준히 학업을 병행해 이 분야 전문가로서 인정받기 위해 노력했다. 결국 원하는 것을 얻었다.

또 다른 지인은 식품 대기업에 다니면서 중국에 파견돼 5년을 보냈다. 40대 중반의 나이에 한국으로 돌아온 그는 중국에서 축적한 경험을 통해 얻게 된 통찰력을 바탕으로 은퇴 이후의 계획을 세웠다. 앞으로 중국의 소득 수준이 높아지면 더욱 많은 중국인이 한국으로 밀려들 것으로 보고 중국인을 대상으로 하는 홈스테이 사업을 구상한 것이다. 회사가 그에게 중국에서 일할 수 있도록 배려한 기회를 잘 살린 것이 이런 사업을 생각하게 된 계기가 됐다. 그는 이 기회를 흘려보내지 않고 중국과 한국의 관계, 발전 속도, 방향 등에 대해 깊이 생각할 수 있었던 것이다. 이런 것이 바로 직장인의 레버리지 효과가 아닐까 싶다.


## 미래가 있는 진짜배기를 배워라

인도네시아 보험산업을 취재하러 자카르타에 간 적이 있다. 동남아시아 사람들의 DNA에는 오토바이가 아로새겨져 있다는 말을 인도네시아에서 절감했다. 러시아워가 따로 없다 할 만큼 교통 상황이 복잡했다. 특히 오토바이가 곡예를 하듯이 버스와 자가용 사이로 이리저리 피해 나가는 모습은 신기하기까지 했다. 우리 기자단을 태운 버스는 개미떼 같은 오토바이들을 건드리지 않으면서 좁디좁은 도로를 헤쳐나가야 했다. 그 때문인지 버스에는 한 명의 운전기사 외에 보조기사가 있었다.

그는 열악한 도로 상황을 고려해 운전기사가 묘기에 가까운 주차 실력을 발휘하도록 옆에서 지원하는 일을 맡았다. 보조기사의 도움으로 운전기사는 좁디좁은 공간에 차를 주차할 수 있었고 주행 중에도 다른 차와 충돌을 피할 수 있었다. 오토바이를 건드리지 않는 것은 기본 중의 기본이었다. 우리나라로 치면 1970~1980년대의 안내양과 같은 역할을 보조기사가 맡는 셈이었다. 가이드에게 물어보니 그들의 월급 수준은 괜찮다고 했다. 웬만한 기업에서 일하는 월급쟁이 평균 월급을 웃도는 수준이라고 했다.

우리 기자단의 보조기사는 젊은 친구였다. 말은 통하지 않지만 친절하고 왠지 모를 친근감이 느껴지던 그 친구의 미소가 아직 기억에 남아 있다. 그런데 그 친구를 볼 때 솔직히 안타까운 생각이 들었다. 아무리 월급이 괜찮아도 레버리지 효과라는 측면에서 버스 보조기사는 기대할 만한 것이 못 된다. 인도네시아의 발전이 늦어 그의 일을 좀 더 지속할 수는 있을지언정 그 직업을 통해 그가 발전할 여지는 적다는 데 생각이 미쳤기 때문이다.

일을 하더라도 되도록 미래에 경력을 확장할 여지가 있는 직업이 좋다. 지금은 박봉이어도 그 일을 통해 미래의 먹을거리를 개척하고 자신의 경력을 도약시킬 수 있는 일자리가 좋다는 말이다. 내가 어렸을 때 그 많던 안내양은 지금 흔적도 없이 사라졌다. 그들이 젊을 때 몸바쳤던 업무에서 그들은 새로운 희망을 발견하지 못했다. 그들의 경력은 새로운 직업을 마련하는 데 아무런 시너지 효과를 내지 못했다. 경력의 단층 현상이라고나 할까. 그들은 새로운 희망을 꿈꾸기 위해 과거를 모조리 버려야 했다. 인도네시아의 버스 보조기사를 보면서 든 생각은 힘이 들지언정 그들이 좀 더 발전성 있는 일을 가졌으면 하는 것이었다.

현재의 업이 우리에게 줄 수 있는 것은 중요하다. 그러나 더 염두에 둬야 할 것은 바로 지금의 수입이 아니라 발전성이다. 당신이 헌신하는 업이 사양 길에 있다. 그래서 미래에 건질 것이 없는 업이라면, 과감히 현재의 안락을 포기하는 용기가 필요하다. 우리가 최우선으로 명심해야 할 것은 자기 일이 레버리지 효과를 일으킬 수 있느냐 하는 점이다. 만약 그 일에 남들이 쉽게 뛰어들 수 없을 정도로 진입장벽이 존재하고, 지금은 주목받지 못할지언정 미래에 희망을 볼 수 있는 일이라면, 모든 것을 걸고 거기에 매진해야 한다. 그런 의미에서 바로 눈앞의 일밖에 못 보는 사람은 발전하기 어렵다.

'맥잡McDonald Job'이라는 말을 들어봤을 것이다. 맥잡은 패스트푸드점의 일자리를 뜻하는 말로 전망 없는 일자리를 가리킨다. 이처럼 거대한 톱니바퀴 속에서 자판기의 부품처럼 소모되는 일은 되도록 피해야 한다. 만약 당신이 부득이하게 패스트푸드점나 커피전문점 등에서 일하게 된다면 매뉴얼에 따라 정해진 일을 하면서도 왜 사람들이 이런 곳에 오는지 어떤 메뉴를 선호하는지 곰곰이 생각하고 관찰하라. 당신이 중국음식점 배달원이라면 배달 세계에서 일등을 하기위해 애쓰지는 마라. 그 대신 중국음식점에서 배울 수 있는 진짜배기를 익혀야 한다.

자장면을 예로 들어 보자. 면을 뽑고 양파를 다듬고 면을 삶고 양념의 비율을 맞추는 일에 관심을 둬야 한다. 사람들이 좋아하는 트렌드의 집합체인 인테리어를 배울 수 있도록 노력해야 한다. 지금은 쉽게 바뀔 수 있는 배달원 일을 하고 있지만, 거기에 만족하지 말고 미래를 꿈꿀 수 있는 일을 습득해야 한다. 중국음식점이나 패스트푸드점에서 보낸 시간을 후회하기는커녕 오히려 감사하게 여길 수 있도록 세상에 대한 관점을 바꾸고 치열하게 살아야 한다. 업의 확장성과 발전 가능성을 늘 염두에 두고 레버리지 효과를 통해 인생의 제2부를 열어젖힐 수 있도록 분투하는 것이 무엇보다 중요하다.

## 리스크를 낮추는 단계화

영국의 문호 테니슨 경Lord Tennyson은 만년에 이르러 자기 서재 앞에 우람하게 서 있는 참나무 한 그루에서 영감을 받아 인간 삶의 지혜를 「참나무The Oak」라는 시로 엮었다. 그는 이 시에서 '네이키드 스트렝스naked strength'라는 표현을 쓴다. 우리 말로는 '옷 벗은 후의 힘'으로 번역할 수 있다. 윤석철 한양대 명예교수는 특정한 자리에서 물러나 추해지는 사람이 있는 한편, '옷'을 벗은 후에도 오히려 더 많은 사람의 존경을 받는 인물도 있다고 말한다.[13] 그런 것이 바로 진정한 네이키드 스트렝스다. 모든 것을 내려놓은 뒤에도 영향력을 미치는 힘이라고 할까. 인생의 제2부라고 하면 제1부를 지운 새 삶을 연상할 수 있겠지만, 후반부는 전반부의 연장이다. 전반부에서 키운 역량을 바탕으로 제2부의 삶을 컨트롤하는 것이다.

이직을 대하는 태도도 감성적이거나 즉흥적이어서는 곤란하다.

하루하루 여우에게 시달리는 일이 두렵고 싫어 여우가 없는 곳으로 이사한 토끼가 과연 행복할 수 있을까. 그 토끼는 아마도 새롭게 정착하려는 곳에서 늑대를 만나 이전보다 더 호되게 당할 가능성이 크다. 지금 하는 일 또는 지금 다니는 직장에 불만이 있다고 해서 다른 일, 다른 회사를 찾는 것은 문제의 핵심과는 거리가 멀다. 토끼가 불안에 떨며 풀을 뜯기는 마찬가지라는 얘기다. 스스로 변해 토끼가 아니라 사자가 돼야 한다. 이사하는 것이 아니라 스스로 달라져 공간을 지배해야 한다. 직장인들은 단계적으로 자신의 역량을 키워나갈 수 있다.[14]

사람들은 흔히 배수진을 치라고 말한다. 극적인 삶, 드라마틱한 삶, 전복적인 삶을 강조하면서 아예 방심의 요소를 없애버리라는 것이다. 그러기 위해서 자신이 다니던 회사에 사표를 쓰고 목표를 향해 '돌직구'를 날리라는 논리다. 이럴 때가 필요한 순간도 있다. 예컨대 열정적으로 업무에 매진했더라도 자신의 재능, 인생관, 현재의 직업 사이에 도저히 화해할 수 없는 반목이 빚어진다면 어느 하나를 버려야 다른 하나를 얻을 수 있다. 이럴 때는 이전의 경력과 새로운 경력 사이에서 접점을 찾기보다 경력의 단절을 감수해야 한다. 이 보 전진을 위한 일 보 후퇴를 감행해야 한다는 의미다.

세계 패션계의 거장 조르지오 아르마니Giorgio Armani가 그랬다. 그는 1934년 이탈리아 북부 애밀리아에서 태어나 제2차 세계대전의 광풍 속에서 어린 시절을 불우하게 보냈다. 그는 부모의 바람대로 의대에 들어갔다. 하지만 그는 전공과 불화를 겪었다. 결국 의사의 길을 접기로 마음먹었다. 그렇다고 뚜렷한 목표가 있는 것은 아니어서 백화점에서 아르바이트를 시작했다. 아르마니는 의류 매장에서 일하게 됐다. 그 과정에서 그는 자신이 옷과 관련한 일에 재능이 있으며 남다른 감각이 있다는 것을 깨달았다. 그는 보조디자이너 생활을 하며 본격적으로 패션 공부를 한다. 독학으로 말이다. 스스로 필요해서 하는 공부이기 때문에 독학은 엄청난 추진력을 발휘한다. 백지 상태에서 배우다 보니 많은 시간과 노력이 들어간다. 하지만 배우는 속도와 집중력은 남다를 수밖에 없기 때문이다. 아르마니는 각고의 노력 끝에 결국 자신의 이름을 딴 브랜드를 론칭하고 패션계의 거목으로 우뚝 선다.

그러나 대체로는 경력의 단절보다 기존 조직에서 자신의 인생을 수선하는 것이 먼저다. 인생의 승부수는 함부로 남발하는 것이 아니다. 한 번뿐인 인생인 만큼 리스크를 줄이는 방향으로 인생을 꾸릴 수 있다면 그 방향을 살리는 것이 옳다.

다시 박지성 선수에게 돌아가 보자. 박지성 선수와 흔히 비교되는 이가 바로 이천수 선수다. 박지성 선수는 타고난 재능만 놓고 보면 이천수 선수보다 못하다는 평가를 받을 수도 있다. 그러나 박지성 선수는 결국 최고 선수의 반열에 올랐고 이천수 선수는 그러지 못했다. 애석하게도 이천수 선수는 타고난 재능보다 못한 경력에 머물렀다. 그 수준에서 축구 인생을 마무리할 단계에 와 있다.

어쩌다 이런 차이가 났을까. 이런저런 이유가 있겠지만, 두 선수가 걸어온 길이 달랐다는 점에서도 이유를 찾을 수 있을 듯싶다. 박지성 선수는 일본 리그에서 축구를 시작해 2002년 한일월드컵에서 한국이 4강에 오르는 데 핵심적 역할을 했다. 이를 기반으로 히딩크가

든든한 조력자 역할을 해준 네덜란드 리그에 진출했다. 급기야 세계 최고라는 평가를 받는 영국 프리미어 리그에 진출했다. 계단식으로 단계적 성장을 한 것이다.

이와 달리 이천수 선수는 월드컵 4강 이후 곧바로 스페인 리그인 프리메라 리가로 직행했다. 프리메라 리가는 영국 프리미어 리그와 함께 세계 양대 리그로 꼽힌다. 하지만 축구 변방인 아시아의 젊은 스타는 이곳에 적응하는 데 실패했다. 결국 그는 한국으로 돌아올 수밖에 없었다. 국내 K-리그에서 그는 대단한 성공을 거머쥐었고 다시 자신감을 충전해 네덜란드 리그로 갔다. 네덜란드 리그는 스페인 리그보다 수준이 낮지만, 유럽에서 알아주는 리그로 통한다. 그러나 이천수 선수는 여기에서도 적응하지 못하고 좌절한다. 그는 결국 K-리그, 서남아시아 리그 등을 전전하는 신세가 됐다.

요컨대, 박지성 선수는 차근차근 단계를 밟으면서 리스크를 줄여 나갔지만, 이천수 선수는 리스크 관리를 균형감 있게 하지 못했다. 나는 여기에서 두 선수의 성패가 갈렸다고 본다.

우리가 하는 선택 대부분은 리스크와 가치에 근거를 둔다. 리스크에 대한 고려 없이 자신이 최고로 여기는 가치에만 매달려서도 안 된다. 또 리스크 부담에 짓눌려 개인적으로 아무 의미도 찾을 수 없는 일을 해서도 안 된다. 둘 다 후회를 낳는다. 리스크와 가치 사이에서 절충점과 균형점을 찾는 것은 꽤 어려운 일이다. 그러나 여기에 서툴면 낭패를 보기 쉽다. 그만큼 세심한 주의와 관리가 필요하다.

단계적 방향 전환은 뱃머리를 돌리는 일에 비유할 수 있다. 바다를 떠다니는 유빙이나 장애물을 피하려면 뱃머리를 천천히 그리고

용의주도하게 돌려야 한다. 경력 전환도 마찬가지다. 부지런하면서도 한 스텝씩 천천히 용의주도하게 해야 한다. 고된 근무 환경 속에서도 자신의 꿈을 실현할 방법을 찾아 실천해야 하므로 서두르면 안 된다. 인생의 큰 그림을 그리면서 지금 자신이 처한 상황에서 단계적으로 할 수 있는 일을 냉철히 살펴봐야 한다. 항상 깨어 있는 의식으로 인생을 성찰하는 습관을 들이자.

## 방향 전환은 긴 호흡으로

흔히 회사 일과 자신의 꿈을 동시에 추구하는 것은 불가능하다고 생각하기 쉽다. 그러나 이런 생각은 조직에 의해 강요된 편견에 가깝다. 조직은 되도록 구성원이 일에서 벗어나지 못하기를 바란다. 따라서 직장에서 소명을 추구하는 삶은 환경에 종속되기보다 환경을 활용할 줄 아는 사람이 선택하는 길이다. 그들에게는 주위의 기대를 충족시키면서도 동시에 자신의 꿈을 성취하고자 하는 활력이 넘친다.

예를 들어 어떤 사람이 회사에 계속 다니는 것이 비전이 없다고 생각하며 광고 컨설턴트로 독립하려 한다고 치자. 일이 척척 진행되기를 바라면서 회사에 사표를 던진다. 그러나 이렇게 하는 것은 퇴로를 봉쇄당하는 셈이다. 그러다 일이 잘못되면 그는 커다란 손해를 보게 된다. 이보다 더 나은 대안은 장기적으로 방향을 전환하는 것이다. 사실 광고 컨설턴트가 되려는 사람에게는 회사 근무 경력도 필요하다. 그의 직장 생활 경험은 광고 컨설턴트로서 발전하고 성숙하는 데 밑거름이 될 것이다. 직장 생활을 통해 유능한 광고 컨설턴트가 되기 위한 기초 자양분을 축적하면서 세부적으로는 광고 컨설턴트가 갖춰야 할 필수 자질을 쌓도록 노력해야 한다. 분과 초를 아껴 다양한 재교육 프로그램을 이수하고 새로운 분야의 사람들을 만나는 것도 필요하다. 자기가 꿈꾸는 분야에서 파트타임으로 일해보는 것도 좋다. 이렇게 단계적으로 준비하면서 자신에게 의미 없는 일들을 줄여나가다 보면 어느새 경력을 전환할 수 있는 결정적 시기가 오게 마련이다.

이렇게 세분화 단계를 밟아나가는 것은 그리 두려운 일이 아니다. 단계를 밟아나가다가 자신의 계획을 수정할 수도 있고 여의치 않으면 후퇴할 수도 있다. 후퇴라고 하면 막연히 실패를 연상하지만 시도하고 수정하고 재시도하는 과정은 진정한 삶을 살아가는 사람의 일반적 경로이다. 인생을 단지 단거리 달리기로만 보지 않는다면 말이다. 시도조차 하지 못하고 궤도 수정을 통해 무언가를 배우지 못한 사람이 그런 인생을 평가절하하는 것이다. 이런 사람은 다른 사람도 자신과 같이 무기력하게 주저앉기를 바라는 것이 아닐까.

우리 문명이라는 것도 따지고 보면 과거에 참이었던 것을 전부 부정함으로써 새로운 것을 만들어낸 것이 아니라 좀 더 크고 새로운 틀로 해석함으로써 발전을 거듭해온 것이다. 뉴턴이 만유인력의 법칙을 발견하는 데 사과나무만 필요했던 것이 아니다. 1676년에 동료이자 라이벌인 로버트 훅Rubert Hooke에게 보낸 편지에서 뉴턴은 다음과 같이 씀으로써 이전 과학자들의 업적을 칭송했다.

"내가 더 멀리 봐왔다면, 그것은 거인들의 어깨 위에 서 있었기 때문이오."

아인슈타인도 새로운 이론을 만드는 것은 낡은 헛간을 헐고 그 자리에 고층건물을 세우는 것과는 다르다고 했다. 그는 이를 오히려 등산과 흡사하다고 봤다. 산을 오르면서 새롭고 넓은 시야를 얻게 되면 그 주변에 있는 각양각색의 풍경과 처음에 출발했던 지점 사이에 생각하지 못했던 연관성이 있음을 발견하게 된다는 것이다. 그래도 처음에 우리가 출발했던 지점은 여전히 존재하며 시야에서 사라지지도 않는다.

어떤 분야에서 정점에 오른 인물이나 세계적으로 대단한 업적들도 긴 호흡 속에서 가장 좋은 길을 모색하다 보니 결과적으로 그렇게 된 경우가 대부분이다. 비틀즈가 함부르크에서 연주할 때 관객이 몇 명 되지 않는다고 매끄럽지 않은 하모니와 박자 같은 실수들을 그저 그렇거니 하고 넘겨버렸다면 결코 세계적 밴드가 되지 못했을 것이다. 실패의 요인 하나하나를 민감하게 인지하고, 그 이유를 분석하고, 거기서 교훈을 얻고, 그 교훈을 기억해야 한다. 이 모든 과정이 성공을 향한 기나긴 길의 일부가 되는 것이다.

오스트리아의 노벨상 수상자 하이에크Friedrich August von Hayek는 시장경제가 계획경제보다 우위에 있는 이유는 시장경제가 단계적으로 더듬으며 나가기 때문이라고 말했다. 시장경제에서는 모든 공급자와 수요자가 나름대로 결정을 하고 그 결정이 계속 시장에 반영되는 반면 계획경제는 오류를 품고 있을 수밖에 없는 장기적 전망에 의존하게 된다는 것이다. 자본주의가 위대한 것은 항상 체제의 미흡한 점을 인정하고 수정하려는 모습에서 나타난다. 공존과 상생을 모색하는 자본주의 4.0이 이 시대 화두가 될 수 있는 것은 자본주의의 자기 정화 노력에서 잉태된 것이다. 그만큼 수정하지 않는 삶은 위험하고 무모하다.

그럼에도 우리는 작은 걸음으로 겸손하게, 그러나 성공적으로 전진하는 것에 그리 익숙하지 않다. 우리는 최종적이고 단호한 해결책을 찾고자 한다. 하지만 이런 기대는 대부분 비현실적이다. 삶을 운명적으로 확 바꿔버리는 것은 영화에서나 볼 수 있는 환상일 뿐이다. 특히 요즘처럼 복잡하고 예측 불가능한 사회에서는 작은 걸음으로 걸어가면서 자기 삶을 계속 조정해나가는 것이 새로운 방향으로 나아가는 최상의 방법이다. 이것은 매일매일 더 영리해지는 것이다. 우리가 그러지 못할 이유는 어디에도 없다.

# 3. 경력의 큰 그림을 그려라

## 깨달음을 통한 비범한 삶

자기경영 전문가로 통하는 구본형 씨는 내가 좋아하는 작가 가운데 한 명이다. 그의 글은 지향하는 바를 또렷이 보여주면서도 강압적이지 않아서 좋다. 마른 날 물을 뿌려주는 정원사처럼 공감이 가고 배려 깊어서 더 좋다. 하지만 순전히 그의 글 때문에 그를 좋아하는 것은 아니다. 글도 글이지만, 그는 직장인에서 문필가로 성공적으로 전향했다는 점에서 나의 롤모델이기도 하다. 그의 경험을 살펴보면 슬기로운 직장 생활이란 무엇인지, 개인이 조직에서 어떻게 경력을 계발해나갈 수 있는지에 대해 적잖은 통찰력을 얻을 수 있다. 그래서 그의 이야기를 소개할까 한다.

그는 IBM 경영혁신 팀장으로 일하고 있던 중 매너리즘에 물들어가고 있었다. 열심히 일했지만 맡은 일의 의미, 천직의식, 소명 같은 것들은 없었다. 그랬던 그에게 IBM 본사에서 아시아·태평양 조직의 경영 진단과 평가를 수행하는 심사관으로 일할 기회가 찾아온다. 글로벌심사팀의 옵서버 자격으로 심사 현장에 투입된 것이었다. 거기에서 그는 정신적 지평이 넓어지는 것을 느꼈다고 한다.

그는 새로운 업무를 맡으면서 그동안 너무나 좁은 명함 속의 직책과 직위에 갇혀 있었다는 것을 깨달았다. 단순한 월급쟁이가 아니라 한국 최고의 변화경영 전문가라는 새로운 이름으로 자신의 존재를 정의하게 됐다고 한다. 그러자 유명해지는 것은 물론 최고가 되고 싶어졌다. 그 결과 일에 열정적으로 헌신하는 사람으로 변모했다. 인생 전체에 걸쳐 경영의 큰 그림이 그려졌고 현업이 전체 중에서 어떤 위치를 차지하는지, 그것이 전체 경력에 어떠한 의미를 부여하는지 조망해볼 수 있게 됐다. 그러자 현업은 시대를 앞서 꿈꾸는 사람이 되기 위해 모두가 바쳐야 하는 수련의 과정으로 여겨져 더는 귀찮은 대상이 아니게 됐다.[15]

그의 일화는 우리가 어떤 계기를 통해 현실에 몰두하게 되면 자신의 내면에서 아직 때를 만나지 못해 장막에 가려져 있던 빛을 발견할 수 있음을 깨닫게 해준다. 지극히 평범한 사람이라도 남과는 다른 비범한 면모가 있게 마련이다. 결국에는 그것을 발견하느냐 발견하지 못하느냐에 달려 있다. 각자의 가슴마다 품고 있는 푸른 하늘을 발견하려면 일단 정신이 깨어 있어야 한다. 자기 내면의 목소리에 귀를 기울이고 좀 더 주체적으로 삶과 꿈을 키워나가겠다는 다짐이 있어야 한다. 그리고 현실 속에서 이를 구현할 방법을 찾고 밀고 나갈 수 있어야 한다. 평범한 사람의 도약 과정이야말로 삶의 가장 숭고한 모습이다. '힘껏 벌린 활'처럼 가슴 가득히 모든 것을 다 쓰고 가는 인생이 돼야 한다. 자신의 한계가 어디까지인지를 확인하기 위해 매사에 도전하는 삶을 살아야 진정한 인생이라 할 수 있다.

그렇다면 평범한 사람들의 비범함은 언제 깨어날 수 있을까. 벼락같은 깨우침의 계기는 무엇일까. 어떤 이는 가족이나 가까운 지인의 죽음을 통해 자신의 인생을 둘러보게 되고 후회 없는 인생을 위해 심기일전하기도 한다. 처음에는 내가 너의 몫까지 열심히 살겠다는 지극히 감성적인 다짐에서 시작할 것이다. 그리고 더 나아가 매 순간 최선을 다하면서 '삶의 유한성에 맞서 어떻게 내 인생을 꾸려야 가장 나다운 인생을 살게 되는 걸까'를 고민하게 된다.

꼭 비극이 있어야만 큰 깨달음이 오는 것은 아니다. 만약 당신이 '모든 것을 다 쓰고 가는 삶'에 대해 일말의 갈증이라도 느끼는 사람이라면, 만약 당신이 목표의식 혹은 초심을 잃은 채 나태한 삶을 이어가면서도 왠지 모를 공허감을 느끼는 사람이라면, 어느 순간 "이대로는 안 된다"는 정신의 외침을 외면하기 어려운 때가 온다. 보람 있는 삶, 열정적인 삶, 사회에 이바지하는 삶, 이런 삶을 살고 싶은 것은 우리 인간의 보편적 감정이다. 그래서 우리는 어떤 순간 자기 인생에 개혁이 필요하다는 것을 본능으로 느낀다.

내 경우에는 '내가 입은 옷'이 나와 맞지 않는다는 것을 깨닫는 순간에 첫 번째 개혁이 시작됐다. 전자공학도였지만 전자기학, 공업수학, 회로이론 같은 수업은 나를 숨 막히게 했다. 일단 살기 위해 여기를 벗어나야 한다는 절박감이 피어올랐다. 나는 기질적으로 사회와 사람들의 다양한 삶의 방식과 그 구조에 관심이 많았다. 자연스럽게 사회과학 분야가 시야에 들어왔고 탈출구가 됐다. 그때 내 나이 스물둘이었다. 대학교에 들어가기만 하면 자유를 만끽할 줄 알았건만 현실은 그렇지 않았다. 답답한 공부가 이어졌다. 고등학생에서 대학생으로 신분만 바뀌었을 뿐이다. 지금 생각하면 너무나 어리석은 생각이었지만, 그때는 그랬다.

자유라는 것은 주어지는 것이 아니라 스스로 만들어가는 것이다. 시간에 속박돼 있다고 해서 자유롭지 못한 것도 아니다. 중요한 것은 자신이 스스로 자신의 길을 선택한다는 점이다. 또 자신의 결정이 옳다면 스스로 선택한 그 길에서 자신이 성장하고 있다는 느낌을 받아야 한다는 것이다. 그것이 바로 자유의 기회비용이다.

나는 불행히도 그러지 못했다. 전자공학이라는 학문은 나를 겉돌게 했다. 일단 자신이 몸담은 데서 흥미를 느끼지 못하면 몰입하지 못하게 되고 결국 도태되게 마련이다. 일단 열심히 해본 후 진정한 제 역량을 가늠해보는 것도 좋지만, 자신의 적성과 자질이 자기가 자리한 곳과 너무 어울리지 않는다고 느껴질 때는 제 직감을 믿고 새로운 거처를 찾아야 한다. 또다시 둥지를 찾아야 한다는 부담감과 자기 개혁에 대한 두려움 때문에 맞지도 않는 곳에 계속 머무른다면 언젠가 혹독한 대가를 치러야 한다.

과거를 되짚어보자. 어떤 중요한 선택을 할 때 스스로 결정하는 일이 상대적으로 적었을 것이다. 부모님 아니면 당시의 시대 분위기나 선입견에 떠밀려 중요한 결정을 내린 경우가 많았을 것이다. 내 전공은 표면적으로는 스스로 선택해 내린 결정이었다. 그러나 그 외피를 벗겨보면 허울만 그랬을 뿐이다. 그 결정의 원천은 남에게 있었다. 그러면서 수많은 시행착오를 겪을 수밖에 없었다. 한참이 지나서야 나 스스로 쓴 각본대로 새롭게 출발할 수 있었다.

나는 잘못된 선택을 바로잡기 위해 편입을 했다. 다행히 정치외교 분야 전공자로 탈바꿈했다. 시행착오 끝에 새롭게 배우게 된 학문은 공부의 참맛을 알게 해줬다. 모든 것이 재미있고 흥미로웠다. 순수하게 배워가는 맛을 알게 되면 이는 평생을 간다. 난 지금도 최고의 공부법은 독학이라고 믿는다. 학위를 따기 위한 공부는 한계가 있다. 자신에게 필요한 것이라면 결국 어떻게든 통달하게 된다. 그러기 위해 도서관에서 책을 읽고 전문가들을 만나 조언도 구한다. 학교라는 울타리에 갇혀서 하는 공부가 아니라 생활 속에서 자신이 필요한 것을 뽑아내는 공부가 진정한 공부다.

조직이건 개인이건 학습이 중요한 이유는, 학습이야말로 바로 변화가 수반하는 불확실성을 자신이 '통제'할 수 있는 '확실성'으로 전환할 수 있도록 도와주기 때문이다. 모르면 두렵지만, 알면 알수록 두려움은 줄게 된다. 그렇게 되면 통제의 범위가 점점 넓어지게 된다. '아는 것이 힘'이라는 말도 이런 맥락에서 나왔다.


## 남에게 신선한 것을 키워라


인생은 길게 보면 결국 노력하고 꿈꾼 만큼 가져가는 것 같다. 편입 후 대학 재학 당시 나는 신문사에 들어갈 생각이었다. 졸업하는 해에 예상대로 무난히 입사했다. 예비 엔지니어에서 신문기자로 경력을 전환할 수 있었던 이유는 뒤늦게 공부를 새로 시작하면서 그동안 탕진한 시간을 보상받으려는 듯 열정에 사로잡혀 열심히 살았기 때문이라고 생각한다.

신문기자는 매일 기사를 쏟아내야 하는 직업이다. 매일 시험을 치르고 평가를 받는 일로 보면 된다. 힘은 들지만, 보람도 적지 않은 일이다. 당연한 말이겠지만, 기자는 좋은 기사를 써야 뛰어난 기자라는 얘기를 듣게 된다. 그런데 좋은 기사는 단지 양질의 취재원을 가졌다고 쓸 수 있는 것이 아니다. 기사에는 어떤 관점이나 방향성이 들어가게 된다. 이를 위해서는 풍부한 독서가 뒷받침돼야 한다. 또 기자라는 직종 자체가 2~3년 만에 한 번 정도 부서가 바뀌는 직종이기 때문에 서로 다른 분야를 수시로 접하면서 공부가 필수 사항이 된다. 책을 좋아하는 나로서는 책 읽기로 공부를 할 수 있었고 이를 통해 나 자신의 경쟁력을 키우기 위해 노력했다. 그러나 나에게 있어서 독서는 남들과의 경쟁에서 이기기 위한 수단이었다기보다는 그 자체가 좋아 몰입한 것에 더 가까웠다. 철들어 생기기 시작한 독서 습관이 시간이 지나면서 내 몸에 체질화됐던 것이다. 그래서 기자의 바쁜 일상 속에서도 책을 놓지 않으려 애썼다. 책에서 터득한 지식을 하나라도 놓치지 않으려고 메모도 해가며 읽었다.

이런 습관이 저술가로서 경력을 계발하는 내 두 번째 개혁의 밑바탕이 된 것 같다. 내 안에서 고개를 숙이고 있던, 작가라는 꿈을 자극한 것 같으니 말이다. 가뜩이나 신문기자라는 직업도 글 쓰는 것이 좋아서 선택한 나다. 신문기자도 넓게 보면 작가 그룹에 속하지 않는

가. 읽고 또 읽다 보면 쓰고 싶다는 생각이 든다. 그런 생각은 좋은 글귀나 문구를 모사하는 데서 시작해 결국 자신의 창작품을 내고 싶다는 욕심으로도 이어지는 것 같다.

그러고 보면 자기가 살아가기 위해 계발해야 하는 경력이라는 것도 타고난 기질이나 성향에 종속되는 것이라는 생각이 든다. 지금과 같이 경쟁이 극심한 시기에는 누구나 열심히 노력한다. 그렇다면 결국 자신이 진정으로 원하는 것, 자신이 기질적으로 좋아하는 것을 하면서 그 분야에 대해 더 많이 알려고 노력하고 일도 잘하는 사람이 성공하게 돼 있다. 열심히 하는 만큼 결과도 더 낫고 그 과정도 즐겁다면 자신이 하는 일과 혼연일체가 되는 경험도 잦을 수밖에 없다.

이 점을 안다면, 열심히 노력하는 것도 좋지만 그전에 평소 자기 자신과 깊은 대화를 나누면서 자신을 뼛속 깊이 파악하려고 노력해야 한다. '어떻게'에 앞서 '무엇을' 할 것인지 먼저 파악해야 한다는 얘기다. 자신의 장점과 약점이 무엇인지, 그리고 이것들을 어떻게 활용할 것인지 고민하는 사람은 생각보다 많지 않다. 그래서 자신의 일상에서 만족감을 느끼는 사람도, 또 누군가의 평가에 연연하지 않고 제 갈 길을 소신껏 가는 사람도 적은 것이다.

나는 오로지 내 것을 갖고 싶었다. 신문이라는 프레임 안에서 내 기사를 볼 때도 행복하고 뿌듯하지만, 이것을 오롯이 내 것이라고 하기에는 다른 사람들의 역할이 너무 많았다. 하지만 책은 오로지 내 것이 될 수 있었다. 나 스스로 문제의식을 느끼고 기획하고 쓰고 제목까지 단 그런 책은 누가 뭐래도 100퍼센트 내 것이다. 신문기사를 쓰면서 책을 쓸 소재도 구할 수 있을 뿐더러 기사 쓰기나 책 쓰기나 일의 메커니즘이 비슷해 병행하기도 좋다. 더구나 책 쓰기는 내가 경영자처럼 스스로 모든 것을 떠안는다는 점에서 매력을 느꼈다는 것도 지적하고 싶다. 신문사의 기자로서 데스크의 지시에 자유로울 수 없다는 한계는 내 자존심에 상처를 입힐 때가 드물지 않았던 탓이다. 그래서 나는 언제부터인가 좋은 책을 주기적으로 써내는, 잘난 신문기자가 되고 싶었다. 그리고 지금 그 일을 해내는 중이다.

누군가는 말한다. 어떤 사건이나 계기가 사람을 이끌고 그런 우연이 모여 운명을 결정하는 것이라고. 그러나 좀 더 자세히 살펴보면 살면서 나타나는 일련의 흐름은 모두 자기 스스로 불러들인 것이라고 보는 것이 정확하지 않나 싶다. 어떤 사건이 발생해도 그 사건을 받아들이는 사람이 정신적으로 준비돼 있지 않으면 어떤 우연도 본질적 각성으로 이어지지 않는다. 사람들 각각의 마음 안에 각성이나 깨달음의 씨앗이 들어 있느냐가 중요하다는 말이다. 그게 없으면 변화를 기대할 수 없다. 평범함에서 비범함으로 도약하는 것은 자신의 재능과 특별한 기질이 적합한 조건을 만나 개화할 때 만들어진다.

우리가 직장에서 경력을 계발하는 것도 평소 자신의 재능과 기질에 관심을 두고 이를 어떻게 발현시킬 것인지 고민하는 사람에게나 가능한 것이다. 열심히 업무에 임하다 보면, 업무의 연장선 위에 있거나 업무에서 파생된 좀 더 큰 역할에 관심이 생기게 된다. 이런 관심은 자신의 경력과 나아가야 할 방향에 대해 어렴풋한 이미지를 만든다. 이런 이미지는 밤하늘의 북두칠성이 돼 망망대해에서 항해하는 당신에게 등대와 같은 힘이 돼줄 것이다.

조직 생활을 하면서 이런 지향점이 서면 이때부터는 남들과 다른 생활을 하게 된다. 동료나 선후배에 휩쓸려 무가치하고 소모적인 일에 제 일상을 낭비하는 것부터 거부하게 된다. 이제부터 그 시간은 내게는 '당연한' 것이지만 남에게는 '신선한' 무엇인가를 준비하는 시간으로 탈바꿈한다. 그리고 그렇게 준비하는 시간 자체와 나 자신도 '신선하게' 탈바꿈한다.

나라는 브랜드가 생기는 곳은 바로 이 지점이다. 직장에서 브랜드를 키우는 과정도 독립해서 브랜드를 키우는 과정과 본질에서 같다고 생각한다. 나라는 브랜드를 남들이 인정해줄 때까지 모든 것을 걸고 노력해야 한다는 점에서 그렇다. 다중지능 이론의 대가인 하워드 가드너 교수는 우리가 각자 독특한 점을 이로운 축복이 되도록 하라고 했다. 이 말은 전적으로 옳다. 많은 경험을 쌓고 그것을 가장 긍정적인 방법으로 계발하는 것이야말로 무엇보다 중요하니 말이다.


## 선택, 집중 그리고 스페셜리스트와 제너럴리스트


북유럽 신화에 나오는 오딘Odin이라는 신은 일찍이 지혜로움을 갖추고 있었다. 자신이 부족함을 느끼고 지혜를 얻기 위해 먼 길을 자청했다는 사실 자체가 이를 보여준다. 지혜를 갈구하던 오딘은 지혜의 샘을 지키는 거인 미미르Mimir를 찾아갔다. 오딘은 미미르에게 샘물을 마시게 해달라고 했지만 거절당했다. 그냥 물러설 수 없었던 오딘은 "무엇을 대가로 내놓으면 되겠느냐"고 물었다. 오딘의 강렬한 욕망을 느낀 미미르는 "한쪽 눈을 내놓으면 샘물을 마시게 해주겠노라”고 대답했다. 생각지도 못한 대답에 오딘은 당황할 수밖에 없었다. 그러면서 지혜를 늘리는 것이 한쪽 눈을 버리는 것보다 가치 있는 일인지 고민하기 시작했다. 결국 오딘은 세계의 질서를 바로잡으려면 지혜보다 중요한 것이 없다고 판단하고 한쪽 눈을 희생하기로 한다.

최고의 신으로 통하는 오딘마저도 자신이 원하는 것을 얻기 위해 큰 희생을 치렀다는 이야기는 '공짜 점심은 없다'는 명언을 떠올리게 한다. 우리는 원하는 것을 모두 얻을 수 없는 만큼 선택과 집중을 하는 데 신중해야 하고 기회비용을 잘 헤아려야 한다는 뜻으로 해석할 수 있기 때문이다. 이는 조직 생활에서도 적용되는 이야기다.

자신만의 독특한 경력 지도를 만들려면 기본적으로 자신만의 특징을 잘 파악해야 하고 이를 발전적으로 살려나가려고 노력해야 한다. 길고도 어려운 탐색의 과정을 통해 하나의 특정 경로를 선택할 때면 그 반대급부로 포기해야 하는 것들이 여럿 생기게 마련이다. 그 중에서 가장 나은 활동을 기회비용으로 치러야 한다. 직장인이라면 이런 과정에 대한 냉철한 인식이 필요하다. 자기가 일하는 부서가 자기 경력에 어떤 의미가 있는지, 그 부서나 업무가 자신이 최종적으로 이루고자 하는 모습을 달성하기 위해 거쳐야 하는 단계라면 어느 단계에 해당하는 것인지 등에 대해 숙고할 필요가 있다는 얘기다.

이런 성숙한 자의식은 평소 끊임없는 노력을 통해 자신이 갈구하는 대상에 대해 확고한 소신을 정립한 사람에게서 나타나는 법이다. 남들이 통상적 원론적 수준에서 좋다고 말하는 것에 급급해서는 경력을 쌓기는커녕 남들 꽁무니만 쫓아가게 된다. 남들과 같은 생각,

같은 전략으로 임해서는 내 존재감만 희미해질 뿐이다. 남들이 하는 대로 따라하고 남들의 평판만 신경 써서는 자신만의 카운터펀치를 갈고닦을 수 없기 때문이다.

옛사람들은 성공할 것을 알면서도 못하는 것은 용기가 없다는 것이고, 성공할 수 없는 것을 알면서도 강행하는 것은 지혜롭지 못하다는 것이라고 했다. 포기해야 할 때 포기할 줄 아는 것도 중요하다. 자신의 개성, 자질, 능력, 여건 등에 비춰볼 때 포기하는 것이 현명한 일이라면 포기할 줄도 알아야 한다. 포기의 이유를 누구보다 잘 아는 이는 바로 나 자신이다. 그것을 확실히 인식해야 성공도 할 수 있다. 자기 앞에 놓인 여러 선택지 가운데서 자신에게 가장 잘 맞는 선택지를 고르려는 노력을 이미 하고 있다는 뜻이기 때문이다. 노력하지도 않고 포기하라는 얘기가 아니다. 포기는 전략에 기반을 둔 가치 있는 판단이어야 한다. 긴장과 이완을 선택적으로 조율할 줄 아는 사람만이 이런 판단을 할 수 있다. 직장에서 선택과 포기는 그런 관점에서 중요하다.

여기에서 잊지 말아야 할 점이 있다. 전략적 선택을 하기까지 여러 부서에서 다양한 경험을 쌓는 것이 중요하다는 점이다. 사실 여기까지 생각이 미치면, '스페셜리스트'와 '제너럴리스트'와 관련해 이런저런 것들을 곰곰이 생각하게 된다.

스페셜리스트는 특정 영역과 관련해 '품질'을 내재화한 사람들이다. '저 분야에서만큼은 저 사람을 믿을 수 있다'는 안정감과 신뢰감을 주는 이들이 바로 스페셜리스트다. 오랜 세월 한 영역에 몸을 바쳤고, 삶을 그것에 따르는 형태로 재정리했다고나 할까. 아무튼, 특출난 재능을 온몸에 새겨넣기까지 고난의 시기를 참은 셈이다. 그런 의미에서 지난 2000년대 초중반 무렵만 해도 우리 사회에서는 스페셜리스트를 더 쳐주었다. 이런 분위기는 여러 분야의 얕은 지식을 추구해봐야 밥 벌어먹기 어렵다며 제너럴리스트를 비하하는 방향으로 나아갔다. 그러나 세상은 또 바뀌고 있다. 다양한 이해관계가 얽히고 설키면서 조직과 삶의 문제는 해결의 실마리를 찾기 어려워지고 있다. 그래서인지 사람들은 통섭이나 융합적 사고를 귀하게 받들게 됐다. 즉 제너럴리스트를 지향해야 한다는 분위기가 세를 얻어가고 있는 것이다. 여기에는 창의적 사고 없이는 난마처럼 얽힌 문제의 실마리를 풀 수 없다는, 언뜻 인문주의적이지만 기저에는 다분히 실용적인 사고가 똬리를 틀었다.

이런 선호도는 굳이 따지자면 시대상을 반영하는 것이다. 하지만 어떤 범주화도 특정 시기의 모든 이에게 일률적으로 적용할 수 없고 단편적 진리만을 보여줄 뿐이라는 점에서 성찰이 필요하다. 특정 분야의 스페셜리스트라고 해서 다방면에 팔방미인인 제너럴리스트가 될 수 없는 것도 아니다. 또 제너럴리스트라고 해서 특정 분야의 지식이 얕기만 한 것도 아니다. 더구나 스페셜리스트와 제너럴리스트를 확연하게 가르는 기준도 없거니와 같은 분류로 엮이더라도 그 수준은 천차만별이라 무 자르듯 가늠하기에는 한계가 있다.

엄밀히 말하면 스페셜리스트의 대척점에 제너럴리스트가 있는 것이 아니라 스페셜리스트와 제너럴리스트 모두 고수의 면모를 갖추기 위해 겪어야 하는 단계로 보는 것이 합리적이다. 직급이 낮을 때는 일단 자기 분야에서 최고 전문가가 되기 위해 노력해야 한다. 리더인 사람들은 그런 특정 분야의 전문성을 바탕으로 관심의 영역과 폭을 넓혀나가 제너럴리스트가 돼야 한다. 그런 맥락에서 도식적 상투적 분류에 집착하기보다는 자신이 세운 목표를 이루기 위해 어떤 전략이 더 나은지 숙고하는 데 집중할 필요가 있다. 다만 일반적으로 보면 특정 분야에서 전문성을 키워 스페셜리스트의 반열에 오른 경험이 있는 사람들은 다른 분야에서도 스페셜리스트가 될 가능성이 더 크다. 발전하는 데 있어서 한 영역에서 방법을 찾아 절차탁마의 수행을 견뎌낸 자라면, 다른 영역에서 발전하는 방법도 어렵지 않게 찾아낼 수 있다고 보기 때문이다.

## 승자는 전체를 볼 줄 안다

과거만 해도 지식의 영역이 어렴풋이 구분돼 있기는 했지만 한 사람의 내부에서는 다양한 영역에 걸친 호기심이 하나로 통합돼 나타나는 경우가 많았다. 예컨대 레오나르도 다빈치 같은 인물을 보면 이런 점이 확연히 드러난다. 그는 비행기의 원형을 만들었으며 인체 해부도를 그렸고 인생론을 썼다. 이것도 모자라 그 유명한 「모나리자」까지 그렸다.

다빈치의 두뇌가 특별했다는 점은 인정한다. 그래도 르네상스 무렵까지만 해도 지식인은 대체로 그와 같은 존재가 많았다. 예전에는 물리학, 생물학, 기계공학 따위의 학문 경계선이 엄격하지 않았다. 인간의 다양한 지적 탐구 작업 안에 융화돼 있었다는 것이 맞는 표현일 것이다. 우리는 고대 그리스 시대를 살았던 피타고라스에게 기하학자, 아르키메데스에게 물리학자, 아리스토텔레스에게 철학자, 히포크라테스에게 의학자라는 꼬리표를 붙인다. 그러나 그들을 그런 분류로 묶어두는 것은 현대를 사는 우리의 사고방식을 투영한 것에 불과할 것이다. 그들에게 그런 딱지를 붙인 것은 후세 사람들이었다. 과거의 지식인들은 모든 것에 흥미를 품고 관심이 향하는 대로 온갖 시도를 해본 것뿐이다.

현대에는 지식의 총량이 폭발적으로 증가해 아무래도 한 명 한 명의 학자가 분담해서 전문화를 추구해야 할 필요성이 커진다. 그러다 보니 오늘날의 학문은 세세한 전공으로 갈라지게 됐다. 그러나 그 부작용으로 오늘날의 학자와 지식인들은 사실상 공통의 화제를 찾기 어려워지고 있다. 전문화가 빨라질수록 전체적 책임을 떠맡을 만큼 지식을 갖춘 사람들이 점점 줄어든다는 푸념까지 나오는 상황이다. 균형적 사고를 갖추지 못하고 자기만 아는 것을 고집하다가 낭패를 보는 사람도 많아지고 있다.

희소하면 경쟁력이 생긴다. 스페셜리스트를 넘어 제너럴리스트가 돼야 하는 이유가 바로 이것이다. 굳이 이런 도식적 구분에 거부감이 생긴다면 전체를 아우를 줄 아는 능력이 있어야 한다는 표현도 괜찮을 듯싶다. 다양한 전문성과 아이디어를 한 줄기 에너지로 벼려낼 수 있는 능력은 언제 어디서든 평가를 받을 수밖에 없다.

20세기 최고의 바이올리니스트로 평가받는 아이작 스턴Isaac Stern 에게 누군가가 물었다.

"모든 연주자가 똑같은 악보로 연주한다. 그런데 어떤 연주는 훌

류하고 어떤 것은 그렇지 못하다. 이유는 뭔가?"

스턴은 답했다.

"중요한 것은 음이 아니라 음들 사이의 간격이다."

리더란 단편적 사실들을 분석하는 데 달린 것이 아니다. 그런 단편적 사실들을 어떻게 조합해 창조적으로 연결하느냐에 달렸다. 자신의 미래를 열어가고자 한다면 전문 분야의 참호에서 빠져나와 전쟁터를 있는 그대로 쳐다봐야 한다.

국내에서도 번역 출간된 『도쿄대생은 바보가 되었는가』의 저자로 일본에서 날카로운 지성인으로 평가받는 다치바나 다카시立花 隆도 제너럴리스트 옹호자로 통한다. 다치바나는 다양한 분야의 지식을 하나로 통합해 사고할 수 있는 '에콜로지적 사고'가 필요하다고 말한다. 에콜로지적 사고란 생태학이 다양한 생물과 환경을 고려하는 것처럼 여러 가지 학문과 지식을 고려해 사고하는 것을 뜻한다. 다치바나는 세상을 전장에 비유한다. 참호 속을 기어 다니면서 24시간 사격을 해야 하는 곳이 세상이라는 것이다. 그는 이런 곳에서 살아남기 위해서는 머릿속을 채우는 노력을 기울여야 한다고 강조한다.[16]

사고의 균형감을 키우기 위해서라도 다양한 분야의 지식을 섭렵하려는 자세가 중요하다는 것이 내 판단이다. 프랑스 인상파 화가 클로드 모네가 런던 시내 풍경을 그린 그림을 놓고도 순수한 미술 애호가들은 분위기를 만드는 치명적 장막으로써 안개를 주목하겠지만, 공중보건 분야 전문가나 미술사가들은 빅토리아 시대 런던 대기오염의 일면을 그림에서 찾으려고 돋보기를 들이댈 수도 있다.

이런 사례들을 보면, 결국 관건은 다양한 각도에서 현상을 조망할 수 있는 눈을 기를 수 있느냐에 달렸다. 관점 간의 충돌 속에서 사안의 정수를 추려내려면, 특정 분야의 스페셜리스트로서 자신의 능력을 배양함과 동시에 다른 영역에 대해서도 호기심을 갖고 관심을 두고 공부하는 노력이 필요하다. 어려운 것 같지만 일신우일신日新又日新하려는 자세를 갖춘다면 그리 어려운 일도 아니다. 분명한 것은 조직에서 위로 올라갈수록, 독립된 사업자의 길을 갈수록, 아는 것도 많아야 하고 항상 배우려고 하는 '아카데믹한' 자세를 반드시 갖춰야 한다는 점이다. 리더가 고독하고 힘든 것은 눈코 뜰새 없이 바쁜 와중에서도 자신의 부족한 부분을 채워넣기 위해 불철주야 노력해야 한다는 이유 때문이다.

# 4. 도약을 위한 베이스캠프

## 당신의 연봉은 절대 적지 않다

사람들 대부분은 평소 자신의 울타리 역할을 해주는 직장 때문에 자기 능력의 끝을 보지 못한다. 조직 내에서 개인에 대한 평가는 수시로 이뤄지지만, 평가에 기반을 둔 보수 시스템은 이를 바로 반영하는 것이 아니다. 같은 2년 차 과장이라도 김 과장이 이 과장보다 업무 능력이 훨씬 뛰어날 수 있다. 하지만 둘 다 같은 보수를 받는다는 얘기다. 그래서 회사에서는 하는 일보다 적게 받는 사람 소수와 하는 일에 비해 많이 받는 사람 다수로 나뉜다. '월급 도둑'이 창궐하는 원리가 바로 이것이다. 이 때문에 직장인들은 현실에 안주하기 쉽다. 일한 만큼 더 받는 것도 아닌데 조직을 위해 굳이 내가 더 일할 필요가 없다는 알량한 셈법에 빠져 자신의 능력을 썩히게 된다. 합리적 선택이 아니라 알량한 셈법이라고 말한 이유는 업무에 몰입함으로써 얻는 이익이 무척 많은데도 그런 것들에 대해서는 가늠하지 못한 채 단순히 자기가 받는 월급을 유일한 기준으로 삼는 데 따른 어리석음을 말하고 싶어서다.

미래의 일은 실감하기 어렵고 지금 당장 괴로운 일은 피하고 싶은 것이 인간의 마음이다. 하지만 그 순간적 만족 때문에 미래를 망친다. 예컨대 전체에서 10퍼센트의 고통을 참으면 90퍼센트가 큰 보상이 돼 이익으로 돌아온다고 가정해보자. 그럴 경우, 사람들 대부분은 90퍼센트는 제대로 보지 못하면서 나머지 10퍼센트가 괴로워 실행에 옮기지 않는다. 고통을 일단 회피하고 보는 것이다.

직장인 대부분은 자기 능력에 대해 잘 알지 못한다. 위에서 든 예처럼, 자기 능력을 제대로 사용해보지 못한 탓이다. 능력을 알려면 도전해보고 성취해보고 때로는 벽에 부딪혀봐야 한다. 그 과정을 통해 능력이 드러나는 것이다. 몰입하지 못하고 겉도는 삶, 책임을 회피하기만 하는 삶에서는 그만한 수준의 성취밖에 못한다. 이 정도에 만족하는 일상이라면 자기 능력이라는 것도 미지의 영역에 속할 수밖에 없다. 많은 이가 능력 활용에 소극적인 것은 이처럼 일하기도 전에 보상부터 생각하는 마인드가 강하기 때문이다. 하지만 능력을 보여주지 못한 사람에게 미리 보상하는 조직은 세상 어디에도 없다. 그 사람이 진짜 '물건'임을 조직이 미리 알아차려 주기를 바라는 것은 근거 없는 기대일 뿐이다.

여기서 연봉과 능력의 함수 관계를 따져보는 것도 의미 있을 듯싶다. 사람들 대부분은 자신들이 매우 골치 아픈 업무를 맡고 있으며 이런 골치 아픈 일을 하는 것에 비해 자신의 연봉이 적다고 여긴다. 하지만 여기에는 함정이 있다. 일반 기업에서 신입사원 교육에 쏟아붓는 투자는 적지 않다. 일종의 선행투자다. 그런데 회사가 이익을 내려면 매출액에서 인건비가 차지하는 비중을 30퍼센트 정도로 억제해야 한다는 것이 일반적 경영 원칙으로 통한다. 이에 비춰 군이 자신의 연봉이 적절한가를 따지려면 자신이 현재 연봉의 세 배 정도로 매출을 올리는지 따져보면 된다. 연봉이 3,000만 원이라면 9,000만 원어치의 생산성을 발휘해야 한다는 얘기다.

당신이 오로지 돈을 바라며 살겠다고 작정했다면 실로 유감이다. 그렇다면 아마 애써 키워온 당신의 능력이나 가치도 점점 떨어질 것이기 때문이다. 당신은 밀려드는 업무와 회사에 보고해야 할 서류를 만드느라 정작 자기 능력을 쌓을 시간을 마련하기 어려워질 것이다. 진정으로 성공하고 싶다면, 지금 다니는 회사에서 자신의 가치를 충분히 높일 줄 알아야 한다. 직장에서 당신이 원하는 일을 하고 있다면 그 일 자체를 수업이라고 생각할 줄 알아야 한다. 비록 월급이 형편없더라도 '지금은 수업료를 낼 때야'라고 여기면 한결 수월해진다. '수업료를 내고 있으니 더 열심히 배우지 않으면 손해다'라는 생각으로 마음을 다잡아야 한다.

직장에서 존재감을 발휘하거나 독립해서 성공한 사람들은 일 자체를 수업으로 여긴 사람들이다. 당장은 낮은 월급이더라도 자신에게 필요한 지식과 노하우를 터득하는 데 필요하다면 기꺼이 자신을 내던지고 일에 열중할 줄 안다. 당신이 직장에서 아직 능력을 인정받지 못했고 만족할 만한 월급도 받지 못한다고 생각하는가. 그렇다면 당신의 생각을 바꿔 일단 최고로 노력해보라. 이런 과정에서 자기 길이 보이기 시작할 것이다. 그것을 발견했다면 그것에 다시 매진하라. 그렇게 하면 바로 당신의 경력이 개화하는 놀라운 변화를 경험할 수 있을 것이다.

## 직함에 얽매이지 말고 부딪혀라

직장인이라면 스스로 노력하는 태도를 약하게 만드는 요소들을 의식하고 이런 것들이 활개를 치지 못하도록 단속해야 한다. 직장인은 조직이라는 우산 속에 있기에 온실 속의 화초와 다르지 않다. 앞에서 말한 대로 자신의 능력을 발휘해보기도 전에 연봉부터 따지려고 드는 자세는 자신의 경력을 쌓는 데 독이 된다. 비전이 없는 사람이나 일에 시간과 에너지를 쏟는 것을 꺼린다. 그렇게 효율성을 추구하는 태도가 지나치면 많은 기회를 잃게 된다.

우리는 익히 아는 사실에 대해서만 그 가치를 평가할 수 있다. 우리 인식이 제한돼 있기 때문이다. 낯선 경험이나 낯선 사람에게 관심을 두지 않는 것이 어떻게 보면 효율적으로 보이겠지만 우리 인식이 제한돼 있다는 점을 생각하면 그렇지 않을 가능성도 크다. 세상에서 얻는 큰 이익은 뜻밖의 계기로 시작한 업무, 우연히 알게 된 사람, 별 뜻 없이 타인에게 보인 호의 등이 불씨가 돼 우리에게 다가온다. 그러므로 사생활에서건 조직 생활에서건 의식적으로 단기적 이익은 포기하면서 시간과 자원 일부를 떼어놓는 것이 좋다. 적어도 자신에게 다가오는 우연한 기회를 바쁘다는 핑계로 배제하는 태도는 절대 바람직하지 않다. 낯선 것과 하는 게임이 별로 매력적으로 느껴지지 않는다면 그것을 장기적 지식과 이윤을 위한 투자라고 여겨라. 인간의 두뇌는 단순화하는 데 선수이기 때문에 어떤 행동이 미칠 영향을 과소평가하는 경향이 있다. 가장 좋은 기회도 우리가 그것을 깨닫지 못하면 아무 가치가 없다.

영국 물리학자 윌리엄 크룩스William Crookes, '전기 마술가'라 불리는 공학기술자 니콜라 테슬라도 같은 경험을 했다. 그들은 뢴트겐보다 몇 년 앞서 엑스선과 마주쳤는데 자신들이 새로운 광선을 발견했다는 점을 깨닫지 못했다. 엑스선이 물체를 투시한 것을 봤는데도 사진판에서 일어난 오류로만 여겼다. 그 바람에 제1호 노벨 물리학상이라는 영예는 뢴트겐에게 돌아갔다.

두뇌는 되도록 적은 자료를 처리하기 위해 중요도가 낮은 정보는 그냥 흘려보낸다. 그래서 우리는 뜻밖의 사실이 지닌 의미를 과소평가하기 쉽고 손안에 쥔 것도 못 보고 지나치기 일쑤다. 인간이 자기에게 새로운 지평을 열어줄 수 있는 관찰을 하고도 이미 알고 있는 것에 비춰 이를 무시하는 경향이 강한 것도 똑같은 이유 때문이다. 역사상 위대한 발견이 뜻밖에도 그 분야의 문외한이나 신출내기에게 돌아가는 경우가 흔하다. 전문가들에게 만연한 '타성에 젖은 태도'에 덜 물든 덕분이다.

우리는 기존의 익숙한 궤도를 벗어나 다른 길로 갈 때 의외의 성과를 올릴 가능성이 더 크다. 다른 길로 가게 된 원인이 우연이든 필연이든 상관없이 말이다. 그렇다면 일단 그동안의 루트와 다른 궤도로 움직이는 것에 대한 용인이나 수용이 필요하다. 그런데 조직이나 기업 문화가 지나치게 결과 지향적일 경우에는 이런 건설적 바람 쐬기가 차단될 수밖에 없다. 결과 지향적이라는 말에는 실패에 대단히 예민하고 단호한 잣대를 들이댄다는 뜻이 숨어 있기 때문이다. 그러다 보니 주어진 길, 맡겨진 업무, 만나던 사람 외에 다른 시도를 하기가 어려워진다. 이럴 경우, 어떤 도약을 이루거나 신천지를 발견할 가능성은 확 떨어진다. 더구나 프로젝트의 결과가 모든 평가의 최우선 기준이 되면 선의의 피해자와 불필요한 전력 손실을 감수해야 하는 상황이 발생하기 쉽다.

결과 지향적 문화와 관련하여 의미심장한 사례를 하나 살펴보자. 제2차 세계대전 당시 적에게 격추된 일본 전투기 조종사는 비행기와 함께 죽을 수밖에 없는 운명이었다고 한다. 일본의 제로 전투기가 조종사의 생명을 지키는 기능이 약하다 보니 피격됐을 때 다른 비행기보다 조종사의 사망 확률이 높았기 때문이다. 게다가 일본 군대의 결과 지향적 문화는 비행기 추락 시 조종사가 탈출을 시도하는 것을 기피하게 만들었다. 포로가 될 바에야 차라리 죽는 것이 낫다는 인식에서였다.

주목할 만한 사실은 이런 문화가 일본 조종사들의 정신을 지배함과 동시에 일본 공군의 경쟁력도 갈수록 떨어뜨리는 결과를 초래했다는 점이다. 태평양 전쟁 초기에 압도적으로 강했던 일본의 공군력이 거듭되는 전투로 고가의 비행기와 함께 수많은 조종사의 생명도 앗아가면서 바닥을 드러내기 시작했다. 결국 숙련된 조종사가 고갈되는 어처구니없는 결과로 이어졌다. 그에 비해 미국 공군은 비행기

성능을 다소 희생해서라도 조종사의 안전에 가장 큰 비중을 두고 비행기를 개발했다고 한다. 이와 더불어 조종사들에게도 격추 시 탈출방법, 포로가 됐을 때 살아남는 방법 등에 대해 교육했다고 한다. 이런 관점의 차이가 미군이 일본군을 제압하는 결정적 요인으로 작용했던 것이다.

좁은 경험과 함께 업무도 제한적으로만 맡겠다는 태도는 새로운 시도 자체를 겁내는 것과 같다. 그렇게 하면 무사안일로 흐르고 도전정신은 죽어간다. 결국 시행착오를 통해 더 발전할 수 있는 자양분을 흡수할 통로가 사라지는 셈이다. 사람은 성공했던 경험보다는 완수하지 못한 계획, 기대에 미치지 못한 시도를 통해 훨씬 많이 배운다. 그러나 결과 지상주의는 대기업 병, 관료 사회의 복지부동 같은 병폐는 낳을지 모르나 건전한 도전정신은 낳지 못한다. 실패를 포용하는 사람이 성장하는 사람이 된다.

우리 직장인들이 버려야 할 것이 있다. 바로 직함에 집착하는 것이다. 직장인이 다양한 기회와 만나려면 직함에 매몰돼서는 곤란하다. 이것은 내 일이고 저것은 네 일이라는 태도가 바로 직함에 종속되는 것이다. 이런 태도는 시키는 일만 하겠다는 뜻이나 마찬가지다. 그렇게 되면 당신이 그 자리를 떠나는 즉시 다른 사람이 그 자리에서 같은 일을 하게 될 것이다. 직함이 만드는 경계를 넘어 나만의 고유한 포트폴리오를 만들도록 노력해야 한다.

'전문성'을 편협하게 정의한 나머지 마음의 문을 닫아버리면 안 된다. 그것은 당신이 가진 직업적 잠재력과 다양한 성공의 가능성을 차단해버리는 결과를 초래하기 쉽다. 그보다는 전문성이 온갖 도구가

빼곡하게 들어 있는 공구함 같다고 생각하면 어떨까. 그때그때 필요한 대로 다양한 분야에 적용할 수 있으니 말이다.

전문성을 깊이 있게 확보하는 일과 기본 소양을 폭넓게 갖추는 일은 서로 대립하지 않는다. 그런 생각은 사람을 움츠러들게 하는 어리석은 것에 불과하다. 사람은 제한된 전문성에 집착할 때보다 다양한 분야에서 폭넓은 다재다능함을 추구할 때 더 많은 일을 할 수 있다. 제한된 전문성에 집착하다 보면 아직 발현되지 않은 자신의 잠재력을 방치하고 황폐화할 수 있다.


## 각자가 주인으로서 일하는 비버를 배워라


결혼해서 아이를 낳고 보니 이전에는 몰랐던 동물의 세계에 대해 더 잘 알게 된다. 아이들이 워낙 동물을 좋아하기 때문이다. 아이들에게 설명을 해주기 위해서라도 동물에 관심을 두기도 하거니와 새로운 사실을 접하면서 나름의 호기심도 생기기 때문이다. 호수나 하천에 댐을 짓는 동물로 알려진 비버도 그런 종류 중 하나다.

비버가 짓는 댐의 길이는 20~30미터는 보통이고 몇백 미터가 되는 것도 있다고 한다. 이렇게 거대한 댐을 완성하려고 비버들은 여러 마리가 서로 도와가며 작업을 한다. 그런데 놀라운 점은 비버 무리 가운데 우두머리가 없다는 점이다. 이 때문에 하나의 우두머리가 지시하면 다른 놈들이 명령대로 움직이는 작업 형태를 띠지 않는다. 비버는 각자 스스로 의사 결정을 내리고 목표를 향해 행동한다. 사람의 조직으로 치면 구성원끼리 서로 돕기는 하지만 일방적으로 지시를 내리고 따르는 구조가 아니라 서로 알아서 자신의 역할을 보태 과업을 완성하는 형태를 띤다.

이렇게 하려면 업무를 반드시 두루 파악해야 한다. 복잡하고 다양한 업무일수록 더욱 그렇다. 자기 영역에 대해서만 알고 다른 부서나 영역에 대해 무지하다면 조직에 플러스가 되는 사고를 통해 실질적 업무 수행에 나설 수 없기 때문이다. 업무 간, 부서 간 '칸막이'는 전문성 강화라는 순기능보다 매너리즘의 온상이자 건전한 커뮤니케이션을 막는 역기능으로 작용할 때가 훨씬 많다. 그래서 조직에서 능력을 인정받고 경력을 키우려는 사람이라면 자신이 속한 부서뿐만 아니라 다른 부서와 조직 전체의 관점에서 업무를 꿰뚫겠다는 생각을 해야 한다.

나는 자기 출입처에 집착하는 사람치고 유능한 기자를 보지 못했다. 그들은 '텃밭'이라고 여기는 자기 영역을 지키는 데 몰두하는 경향이 강하다. 이처럼 자기가 관여하는 분야에 지나치게 얽매이는 태도는 이런저런 요인이 실타래처럼 얽힌 특정 사안의 본질을 분석하는 데 점점 한계로 다가온다.

언론 조직뿐만이 아니다. 부서 간 정보 교류가 막혀 있는 조직일수록 전문가라는 미명하에 5년 이상 한 부서에 박혀 있는 사람들을 자주 볼 수 있다. 그들은 오랜 시간 한 분야에서 일해 그 분야에서만큼은 남들보다 노하우가 더 많을 수 있다. 하지만 다른 경험이 부족해 반쪽짜리 인재로 전락하기 쉽다. 더구나 특정 분야에서 쌓은 전문성이라는 것도 자신의 노력보다는 오랜 기간 정보를 독점한 데 따른 결과일 가능성이 더 크다. 우수한 기업들이 시행 초기의 비효율 등 부작용을 무릅쓰고 순환보직제를 선택하는 데는 그만한 이유가 있다. 새로운 시각으로 조직을 바라보고 자신의 미래도 좀 더 풍부하게 가꾸려면 다양한 분야를 두루 공부하고 경험할 필요가 있다. 이런 복합형 인재만이 나무보다는 숲을, 숲보다는 산, 눈에 보이는 산보다는 산 너머에 있는 산을 보는 안목을 기를 수 있다.


## 목표가 높아야 한다


「난타」를 기획해 세계적으로 크게 히트시킨 송승환 씨를 알 것이다. 「난타」 이전에 그는 배우로서도 진행자로서도 성공했다. 하지만 자기 고향과도 같은 뿌리로서 항상 연극에 대한 갈망이 있었다. 결국 그는 기획자로서 「난타」를 만들었고 성공하게 했다.

「난타」는 한국의 연극을 세상에 좀 더 널리 알리기 위해 선택한 비언어극이었다. 「난타」의 경쟁력은 2000년 후반에 본격 점화된 K-팝처럼 언어적 불통이라는 커다란 장벽을 깨기 위해 연극을 언어에서 해방되게 했다는 점에 있다. 또 당시 연극계에 만연했던 작가주의와 엄숙주의에서 벗어나 자유로움을 추구했다는 것도 달랐다. 그렇다고 「난타」가 유럽에서 나온 비언어극 형식인 '스톰프stomp'를 그대로 빌려 온 것도 아니다. 「난타」는 도마 등 식기 도구를 단순히 두드리기만 한 것이 아니라 스토리를 만들었기 때문이다. 하지만 그 스토리는 대단한 주제의식이나 교양을 심어주기 위한 것이 아니었다. 그냥 부엌이라는 공간에서 일상으로 일어나는 잡다한 에피소드를 엮어 재미를 배가시켰다. 그것이 바로 믿기 어려운 성공으로 이어졌다.

그런데 이 「난타」라는 파격적 연극을 준비하면서 송승환 씨는 제작자로서 끝도 없는 완벽을 추구했다. 피땀 어린 연습 끝에 배우들의 도마질이 어느 정도 수준에 이르렀다 싶으면 좀 더 빠르고 역동적인 몸놀림을 보여줄 수 없겠느냐고 다그쳤다. 만족할 만큼 속도가 붙으면 이번에는 그냥 두들기지 말고 양손을 좌우로 왔다갔다하면 더 멋있을 것 같다고 몰아붙였다. 이런 일이 이어지자 배우들의 입에서도 볼멘소리가 터져 나왔다. 우리가 무슨 실험용 모르모트냐는 투정에서부터 대본도 없는 연극을 한다고 할 때부터 알아봤다는 둥 별의별 소리가 다 나왔다. 보기만 해도 섬뜩한 식칼로 무아지경에서 도마질을 해대는 통에 이런저런 사고를 감수해가며 몰입하던 배우들 처지에서는 충분히 그럴만했다. 더구나 소음 통에 배우들은 밤에만 연습할 수 있어 밤을 홀딱 새우는 일이 다반사였다. 그럴 때면 송승환 씨는 이렇게 구슬렸다고 한다.

"야! 이게 보통 연극이냐. 명색이 세계를 겨냥해 준비하는 작품인데, 이 정도 고생도 안 하면 말이 안 되는 거 아니냐."[17]

우리는 무엇인가 적정한 수준에 이르렀다고 생각될 때면 한 번 더 자신을 다잡고 부족한 부분이 없는지 살펴보면서 완벽을 향해 나아가야 한다. 그런 과정이 없으면 그저 평범한 수준에 머물고 만다. 남들과는 다른 차원으로 도약하기 위해서는 장인정신이 있어야 한다. '이 정도면 됐다' 싶을 때에서 그치면 평균 정도밖에 못 한다. 남들과는 다른 차원의 결과를 내려면 모자란 부분을 끌어올리고 잘하는 부분을 더 완벽하고 색다르게 하려고 한 번 더 절치부심해야 한다. 장인으로 부를 만한 정도의 전문가들이 그 일의 일반적 업무량보다 훨씬 많은 업무량을 소화한다는 점은 완벽에 집착하면서 생기는 부산물일 뿐이다.

사람들이 일을 대하는 태도는 크게 세 가지로 구분된다.

첫째, 자기가 맡은 일을 마냥 힘들고 골치 아프다고밖에 느끼지 못하는 사람, 먹고 살기 위해 어쩔 수 없이 일한다고 생각하는 사람이 있다. 이런 사람들은 어떤 분야에서든 결코 오래 버티지 못한다. 버틴다 해도 겉도는 인생이 될 뿐이다.

둘째, 힘들고 골치 아프더라도 어차피 자기 일인 만큼 사명감과 책임감을 가지고 일을 하는 사람도 있다. 이런 사람들은 발전할 수 있다. 그러나 이런 사람도 셋째 부류에 속하는 사람들을 이길 수는 없다.

셋째 부류에 속하는 사람들은 바로 사명감에서 더 나아가 골치 아픈 일을 하나하나 해결하면서 보람과 재미를 느끼는 사람들이다. 그들은 진정한 전문가로 우뚝 설 가능성이 높다. 자신의 성장을 도모하는 자라면 그만한 수준에 필적하는 강도로 트레이닝할 각오를 해야 한다.

직장인으로서 '일 근육'을 발달시킬 수 있는 때는 바로 자신의 능력보다 더 버거운 일을 맡을 때다. 눈코 뜰 새 없이 바쁜 시기를 보내면서 목표로 삼았던 일을 훌륭하게 마무리하는 경험은 매우 중요하다. 그런 경험이 축적되면서 업무의 완성도를 점점 높일 수 있고 전문가로서 그 능력도 한층 업그레이드할 수 있다.

일을 한참 배워야 할 때는 일에 대해서만큼은 완벽에 가깝게 까다로운 선배를 멘토로 삼아야 한다. 물론 멘토로 그런 선배를 곁에 둘 수 있느냐 하는 문제는 개인의 뜻대로 될 문제는 아니다. 유감스럽게도 당신이 이도 저도 아닌, '물 같은' 선배를 멘토로 두고 있다면 뛰어난 선배를 찾아 삼고초려한다는 각오로 조언을 구하면 좋다. 그들로부터 뭔가를 수혈하려는 적극적 자세가 필요하다. 배울 때는 제대로 배워놔야 한다. 일을 배우는 것은 기본 중의 기본이다. 그것이 안 돼 있으면 뭘 해도 사상누각이 될 확률이 높다.

개인의 행복과 안위가 최우선 가치로 자리를 잡으면서 조직 내에서도 구성원 간의 끈끈함이나 결속력은 예전과 같지 않다. 이는 옳고 그르고의 문제가 아니라 이 시대의 자연스러운 현상이다. 이런 조직 문화에는 장점도 있고 단점도 있을 것이다. 다만 단점을 하나 꼽자면, 인생 선배이기도 한 직장 선배로부터 제대로 된 훈련을 혹독하게 받으며 성장할 기회를 잡기가 어려워진다는 것이다.

이렇게 말하면 요즘 같이 세상이 급변하고 수평적 관계가 중시되는 세상에 몇 년 앞서 직장 생활을 했다고 뭐 그리 나은 것이 있겠냐고 말하는 사람들도 있다. 당신이 만약 그런 생각을 하고 있다면, 미안하지만, 당신은 아직 직장에 대해, 세상에 대해, 우리 삶에 대해 너무나 미숙한 철부지일 뿐이다. 경험이라는 것은 세상이 달라졌다고 해서 무시할 수 있는 것이 아니다. 세상이 변하고 기업의 조직 문화가 변해도 그 안에서 통용되는 정수는 변함이 없다. 인생을 살아가는 지혜, 조직에서 융화하고 능력을 발전시키는 노하우는 앞서 간 선배들이 낫다. 그들에게서 핵심을 뽑아낼 수 있다면 조직과 마찰을 줄이면서 자기가 원하는 진정한 행복을 향해 지혜로운 한 걸음 한 걸음을 내디딜 수 있다. 훌륭한 선배의 조언을 벗 삼게 되면 업무에 필요한 능력과 자질을 키우는 데도 실질적 도움을 많이 얻을 수 있다.

성취 동기가 높은 이들의 공통점은 지향하는 목표가 한결같이 높다는 점이다. 이를 달성하려면 기본 역량을 더 끌어올려야 한다. 그러기 위해서는 평소 남다른 노력으로 자신의 능력과 자질을 한계치 이상으로 최대한 늘려놔야 한다. 탁월한 사람들이 탁월할 수밖에 없는 데는 다 그만한 이유가 있다는 얘기다.

회사에서 능력이 있다는 사람들은 틀림없이 일복도 많은 사람들이다. 그들은 스스로 사명감을 품고 일을 찾아다니기도 하거니와 그렇게 맡은 업무의 질도 더 높다. 예컨대 어떤 시스템을 만드는 데 투입된 사람의 업무와 다 만들어놓은 시스템을 사용하는 사람의 업무 간에는 상당한 차이가 있다. 시스템을 만드는 일을 한 사람은 좀 더 높은 위치에서 조직과 업무를 바라볼 기회를 잡을 수 있다. 그런 까닭에 일에 대한 이해도가 훨씬 뛰어나다. 그러나 시스템이 구축되고 난 뒤에 사용 업무만을 맡은 사람은 그 시스템을 단순히 조작만 하는 오퍼레이터에 그칠 확률이 높다. 이런 사람은 쉽게 대체할 수 있다. 업무적으로 제대로 트레이닝받기를 바란다면 시스템을 만드는 사람처럼 순도 높은 일을 할 수 있도록 노력해야 한다.

지구에서 가장 높은 산은 에베레스트다. 높이가 8,848미터다. 백두산의 세 배에 이른다. 인류 역사상 최초로 이 산을 등정한 사람은 뉴질랜드의 에드먼드 힐러리Edmund Hillary로 1953년에 정상에 오르는 데 성공했다. 한국인으로서 처음으로 이 산을 등정하는 데 성공한 사람은 고故 고상돈 대원으로 1977년에 세계에서 쉰여덟 번째로 정상에 발자국을 남겼다. 힐러리보다 24년 후에 이 산에 오른 것이다. 그 등수가 58등이라면 고상돈 대원보다 앞서 매년 2.4명이 에베레스트 산에 올랐다는 계산이 나온다.

그렇다면 요즘은 일 년에 몇 명이나 에베레스트 산에 오를까. 2004년에는 330명, 2006년에는 480명, 2008년에 600명이 정상에 올랐다. 어찌 된 영문일까. 왜 요즘에는 이렇게 등정에 성공하는 사람이 많을까. 그 비밀은 베이스캠프의 높이에 있다. 힐러리나 고상돈 대원이 등정을 시도하던 때는 베이스캠프 높이가 예외 없이 해발 3,000미터 이하였다. 그들은 베이스캠프에서 약 6,000미터를 더 올라가야 정상까지 갈 수 있었다. 하지만 요즘에는 베이스캠프를 보통 5,200미터, 어떤 이는 6,000미터 이상에도 친다. 옛날과 비교해 순 등정거리가 절반 이하가 된 것이다. 옛날에도 베이스캠프를 높이 치면 안 된다는 법은 없었다. 또 기술력도 충분했다. 다만 그 당시 사람들은 해발 3,000미터 정도면 충분하다고 본 것이다.

무슨 일을 하든 운명을 바꾸고 싶다면 단 한 가지는 분명하다. 다른 사람이 상상도 하지 못하는 높이에 '베이스캠프'를 쳐야 한다. 목표의 베이스캠프, 상상의 베이스캠프 말이다. 무슨 일을 하든 성공하려면 베이스캠프를 높이 쳐야 한다.

미국에서 가장 성공한 일본인 실업가로 꼽히는 오네다 가쓰미大根田勝美도 비슷한 취지로 말했다.[18] 그는 학력이라야 중졸에 불과하고 고생이라는 고생은 안 한 것이 없다. 이제 칠십을 넘긴 할아버지가 됐다. 그는 무언가를 자신의 것으로 만들기 위해서는 집중해서 철저하게 해야 한다고 강조한다. 비유하자면, 100미터 달리기로 마라톤을 하는 것이라고나 할까. 흔히 인생을 어떻게 살 것인가를 두고 '짧고 굵게' 아니면 '가늘고 길게'라는 두 가지 선택지를 놓고 말하는 사람이 많다. 하지만 오네다는 성공은 이 두 가지 방식으로 오는 것이 아니라 '두껍고 긴' 방식을 통해서 온다고 말한다. 그런 만큼 자신의 목표에 도달할 때까지는 페이스를 떨어뜨리지 말 것을 조언한다. 비범한 정신력을 갖고 강인한 체력으로 매진해야 한다는 것이다. 모든 일을 집중해서 철저히 할 수 있을 때 운명을 개척할 수 있다.

## 궁하면 통한다

어떤 책에서 읽은 호박벌 얘기가 기억에 선명하다. 호박벌은 몸길이가 2센티미터에 불과하다. 그런데 한여름에는 일주일에 1,600킬로미터를 난다고 한다. 놀라운 점은 애당초 호박벌의 몸통 구조가 날수 있게 돼 있지 않다는 것이다. 몸은 뚱뚱한데다가 날개 길이는 너무 짧고 얇아서 공기의 저항을 이겨낼 수 없다는 것이다. 그런데 더욱 놀라운 대목은 이 호박벌이 자기가 날 수 없게끔 태어났다는 사실을 모른다는 것이다. 오로지 꿀 따는 것 외에는 아무 생각도 하지 않고 이 꽃에서 저 꽃으로 여기저기 작은 몸을 계속 굴리며 꿀 따는데만 집중한다.

자신만의 목표를 세워 여기에 집중하고 노력하면 비빌 언덕이나 별스런 배경이 없더라도 뛰어난 성취를 이뤄낼 수 있음을 이 호박벌 사례에서 배울 수 있다. 어떤 분야에서든 일가를 이루려면 독하다는 말을 들을 정도로 거기에 천착해야 한다.

한국 벤처산업의 거목인 미래산업 정문술 회장의 일화도 궁하면 통하는 세상사의 이치를 보여주는 사례로 손색이 없다. 모두가 미래산업이 신상품 개발에 뛰어나다고 상찬했다. 하지만 실은 개발 제품 스무 가지 가운데 열일곱 가지가 실패하고 세 가지가 성공했을 뿐이라고 한다.

정문술 회장이 한참 신상품 개발에 몰두할 무렵이었다. 성공하기 위해 연구실에 야전침대를 갖다 놓고 연구원들과 동고동락하면서 밤낮없이 연구에 골몰하던 때였다. 그중 한 제품은 개발하기가 너무 어려워서 연구원들이 결국 손을 들어버렸다고 한다.

"사장님! 아무래도 이건 포기해야겠습니다."

연구원들로부터 최후통첩을 받았으나 그래도 실망한 기색을 보일 수는 없었다. 그래서 정문술 회장은 소주 몇 병 사서 이른바 '쫑파티'를 하고 오랜만에 다리나 뻗고 잠 한번 자보자고 집으로 철수했다. 그런데 정문술 회장은 비몽사몽 간에 꿈속에서 불현듯 문제 해결을 위한 아이디어를 봤다. 파자마 위에 점퍼를 걸치고 곧바로 연구실로 달려가서 술 취해 자고 있던 연구원들을 두들겨 깨워 꿈에서 본 아이디어를 적용해봤다. 그것이 해결책이었다. 집중과 헌신이 창의력과 연결되는 놀라운 파워를 경험한 것이다.

집중, 헌신, 몰입이 이 정도는 돼야 하지 않을까. 진실로 진정으로 원하면 꿈도 이와 관련한 꿈을 꾸게 된다. 할 수 있는 한 모든 힘을 쏟아부어야 한다. 프로는 열심히 해서 프로가 아니라 잘하기 때문에

프로라는 말을 명심할 필요가 있다. 잘하는 프로처럼 좋은 결과를 얻기 위해서라면 자신의 꿈에 모든 것을 매진하는 자세로 임해야 한다. 『전설의 사원傳說の社員』이라는 책을 쓴 도이 에이지土井英司는 강한 애착이 있으면 없는 시간도 만들 수 있다고 말한다. 그는 때로는 24시간을 모조리 쓴다는 각오로 일할 것을 주문한다. 그러면 그때까지 없다고 생각했던 시간이 생기고, 그 덕에 다양한 기회도 만들 수 있다는 것이다.[19]

스포츠에서도 최고 정점으로 가면 모두 멘탈게임이 된다. 최고의 기량을 가진 선수들 간에는 기술 면에서 큰 차이가 나지 않는다. 다만 중요한 시점에 집중하느냐 못하느냐 하는 차이만 있을 뿐이다. 온 정신을 집중해 하나의 일에 쏟아부으면 해내지 못할 일은 없는 법이다.

# 5. 일과 가정 사이의 균형

## 저녁이 없는 소모적 삶

직장인을 만나면 모두가 공감하는 얘기가 있다. 일은 많아지고 사람 수는 줄어 너무 바쁘다는 것이다. 가족과 함께하는 저녁은 말처럼 쉽지 않다. 오죽하면 대선 경선 후보 가운데 한 명이 '저녁이 있는 삶'이라는 캐치프레이즈까지 들고 나왔을까. 모두가 지쳐 있다. 하지만 달리 방도를 찾기 어렵다는 자조 섞인 넋두리를 내뱉는 것이 우리 직장인의 자화상이다.

정말로 그렇다. 업무의 전산화와 자동화, 효율성과 성과를 중시하는 기업 문화는 고용을 되도록 줄이는 방향으로 우리 사회를 변모시키고 있다. 그 결과 업무는 직장인들의 숨구멍을 틀어막을 정도가 됐다. 대다수 직장인은 아침 일곱 시 무렵에 출근해 꼬박 열두 시간

이상 일한다. 조금 더 바쁜 부서 직원들과 워커홀릭으로 분류되는 이들은 저녁 9~10시까지 일하는 것이 일상이 돼버렸다.

그러나 사실 이 정도는 단순히 공식적 일과에 불과하다. 동료와 정을 쌓고 미래를 위한 인맥을 쌓는다는 명분으로 일주일에 2~3일 정도는 밤을 새우다시피 한다. 저녁과 잇따라 계속되는 술자리 때문이다. 그러나 소모적인 저녁은 사실 패거리를 짓는 문화의 잔재 또는 가정보다 일을 우선 강요하는 사회 가치관을 반영한다고 보는 것이 맞다. 물론 이런 식사나 술자리가 백해무익하다는 의미는 아니다. 하지만 그 빈도가 너무 잦고 불참할 때 받게 되는 눈총이나 불이익이 적지 않아 문제가 간단치 않다는 의미이다.

우리 주위를 보라. 너무나 많은 이가 일과 가정 사이에서 균형을 잃었다. 과도한 업무, 늦어지는 퇴근 시간, 업무의 연장이나 마찬가지인 술자리가 집에서 한 사람의 남편, 한 사람의 아내, 그리고 부모·자식으로서 맡아야 하는 자연스러운 본분과 역할을 갉아먹고 있다. 생체 바이오리듬은 죽은 지 오래다. 여유 없는 긴박한 낮과 업무의 연장선에서 그것을 풀려는 소모적 밤은 우리를 사슬로 옭아매고 있다. '빅브라더'인 기업의 다그침으로 초래된 삶의 질적 저하를 똑바로 응시하지 못한 채 우리는 원치도 않는 이런 삶에 질질 끌려다니는 것이다.

그런데 진짜 문제는 물샐틈없이 빡빡한 스케줄이 아니다. 많은 직장인이 지기 삶을 둘러볼 여유를 찾지 못해 자신을 잃은 채 살고 있다. 기업은 은연중에 개인에게 탐욕과 노예 근성 따위를 정당화하고 주입한다. 하지만 이런 문화의 장기적 영향에 대해서는 추호도 걱정하지 않는다는 점을 명심할 필요가 있다. 우리 삶은 우리 스스로 지켜나가야 한다.

물론 행복은 진흙탕 속의 연꽃처럼 피기도 한다. 하지만 삶을 꾸리는 데 응당 필요한 진지한 고민, 성찰, 혁신적 행동이 뒤따르지 않는 이상 바쁜 스케줄은 당사자의 행복은커녕 그 어떤 가치도 보장하지 못한다. 일상에서 자신이 꾸려가는 삶의 지향이나 목표 등을 좀 더 객관적, 성찰적, 전략적으로 응시하기 위해서는 물리적 시간을 반드시 확보해야 한다. 그것은 누군가에게는 한밤중일 수도, 다른 누군가에게는 새벽일 수도, 그리고 또 다른 이에게는 동틀 무렵일 수도 있을 것이다. 뒤틀린 삶을 빳빳이 펴주는 씨앗이 그 시간 안에 담겨 있다.

우리가 왜 이처럼 바빠야 하는지에 대해 저마다 제대로 된 성찰을 외면하는 데는 이유가 있을 것이다. 비록 '근원적' 질문을 던진다 하더라도 선택하거나 만들 수 있는 '답안'이 한정적일 수밖에 없다는 자괴감이나 무력감이 한몫하는 것 같다.

"누가 그런 걸 모르나? 그런데 어쩌라고……. 알아도 별수 없잖아."

그러다 보니 스스로 무기력해지고 자신이 영위하는 삶에 의미를 부여하기 어려워진다. 여기에 사태의 심각성이 있다. 그 결과 업무에 끌려다니고 직장 상사에게 휘둘리는 것이 어찌 보면 당연하다. 폴 발레리Paul Valery의 말처럼, 생각대로 살지 않으면 사는 대로 생각하게 되는 비극적 상황이 빚어지는 것이다.

우리의 감정은 항상 쫓기는 듯한 생활 때문에 메마른 잎처럼 생기를 잃고 있다. 기술이 발전하고 사회의 변화 속도가 빨라짐에 따라

'변화에 영향을 받기 쉬운' 자아는 끊임없이 경계 상태에 있게 된다. 심하면 지나친 경계로 강박관념에 빠지게 된다. 기술이 인간의 생활을 윤택하게 만들기는커녕 오히려 인간을 곤경에 빠뜨리는 상황이다.

　여기서 문제가 되는 것은 자신이 꾸리는 일상의 삶이 의지나 사명감에 따른 것이 아니라 누군가의 강요나 강압, 사회적 분위기, 통속적 가치관 같은 것들에 의해 떠안겨졌을 때이다. 그럴 때는 일종의 노예 같은 삶을 살게 된다. 자신의 만족과 행복을 최우선 기준으로 삼지 못하고 남들이 규정한 잣대에 매여 있기 때문이다. 그러나 더욱 근본적으로는 자신의 삶에 점철된 맹목성에 대해 문제의식이 없다는 점 때문에 이런 일이 발생한다고 보는 것이 맞다. 이런 사람들은 조직에 의해 부여된 시간 관념에 익숙한 나머지 자신이 스스로 시간을 조직하는 것을 꺼리고 어색해한다. 그래서 자신의 정체성을 조직 안에서만 찾는 사태가 빚어진다. 조직을 벗어나면 자신의 인생을 주체하지 못하는 것이다.

　외면상 남부러울 것 없는 대기업 최고경영자가 자살하는 사례가 이런 것이 아닐까 싶다. 최고의 학벌과 경력을 갖추고 부까지 거머쥠으로써 한마디로 '잘나가는' 그들이 삶을 스스로 포기하는 것은 어떤 이유 때문일까.

　막중한 업무 부담과 과도한 스트레스를 원인으로 지목하는 이가 있는가 하면, 막스 베버의 『프로테스탄트 윤리와 자본주의 정신』을 인용하면서 직업에 대한 소명의식이 부족했기 때문이라고 분석하는 이도 있다. 또 승진 누락 등 경쟁에서 도태된 것이 원인으로 꼽히기도 한다. 모두 어느 정도는 맞는 말일 것이다.

그러나 근본적으로는 망망대해와 같은 인생에서 잘못된 좌표를 설정해 사달이 났을 가능성이 더 높다. 예컨대 내 가치를 구현하는 데서 오는 기쁨보다 남들의 눈으로 바라본 실적이나 평가에 가중치를 두는 태도가 문제였을 수 있다는 얘기다. 달리 말하면, 기업이 자신에게 부여한 역할에 대해서는 바늘 침 같은 엄격함을 적용함으로써 일반적 잣대로 보면 성공이라는 월계관을 차지한 사람이라도 자신의 내면을 갈고닦지 못했다면 이 모든 것이 모래성에 불과하다. 이런 사람들은 조직에서 자신을 잃어버린 채로 오래 살아왔을 것이다. 조직에서 자기 삶으로 무게 중심이 이동하는 순간 자신을 컨트롤하는 데 실패했을 가능성이 높다.

## 흔들리는 자신을 지속 관리하라

사업을 하든, 직장에 다니든 돈을 벌어들이고 성취하는 능력이나 수완과는 별개로 모든 사람은 자기 개성과 본질을 지속해서 관리할 필요가 있다. 예컨대 자신의 성향, 자질, 인생관, 가치관 등에 대해서 그렇다. 그러려면 조직에만 매여 있어서는 안 된다. 조직과 일정한 거리를 유지하며 순수한 개인으로서 시간을 확보할 수 있어야 그런 것이 가능하다.

미국 대통령으로서 바쁜 일정을 소화하는 버락 오바마는 어떻게든 짬을 내 농구를 즐긴다고 한다. 이것은 바로 그가 농구를 통해 자신과 소통하는 시간을 마련할 수 있기 때문이다. 농구를 통해 자신의 삶을 위로하고 내면을 치유하며 더 나은 미래를 만들겠다는 각오를 다지는 것이다. 바쁜데 틈이 있으면 잠이나 잘 것이지 무슨 농구냐며 오바마를 타박하는 사람들은 인생에서 개인의 영역을 지키는 것이 인생을 진정으로 건실하게 꾸리는 방법임을 모르는 것이다. 독일의 철학자 칸트도 매일 산책을 통해 자기 생각을 숙성시킴으로써 철학사에 빛나는 업적을 남겼다.

특히 고도화·저성장 사회로 갈수록 인생의 균형과 안배는 더욱 중요한 문제가 될 수밖에 없다. 우리는 일, 자아, 가족 사이에서 황금분할을 찾아야 한다. 저성장 사회는 지금껏 더 많은 부로 향했던 안테나를 삶에 대한 여유를 찾는 데로 옮겨야 하는 시대를 의미한다. 또 사촌이 땅을 사서 배가 아프고 상대방과 비교하면서 박탈감이나 쾌감을 느끼던 개발 시대의 사고 관념에서 벗어나야 한다. 이를 총체적으로 보면, 앞으로는 시간을 스스로 안배하는 능력, 어떤 하나의 잣대로 인생의 성공 여부를 재단하는 것이 아니라 삶에 스스로 의미를 부여할 줄 아는 능력이 중요해진다는 얘기다. 또 복잡하고 소외감이 극대화되는 시대인 만큼 남들과 소통하고 자신과 대화하는 것이 더 절실해진다.

이제 기업들이 외치는 일등주의, 초일류주의가 우리 삶을 얼마나 피폐하게 만드는지에 대해 진지하게 성찰할 때가 됐다. 경쟁 타령에 이 시대의 직장인들은 일과 직장에 만족하지 못한 채 언제나 월급날만을 기다리며 살고 있다. 소명의식 부재는 자신이 하는 일에 대한 허무감으로 되돌아오고 극단적 선택을 가져오는 요인이 되기도 한다. 자기 박자에 맞춰 주도적으로 일하지 못하고 남 또는 조직이 부여한 박자를 따라가는 데 급급한 삶은 피곤하다. 심신이 녹초가 돼 생산적일 수도 없다.

일을 하더라도 자신이 시간을 주도적으로 사용할 수 있어야 낭비가 없고 만족감도 커진다. 일이냐 가정생활이냐 하는 양자택일을 강요하는 삶을 피하려면 시간 관념에 좀 더 적극적이어야 한다. 한정된 자원을 유용하게 쓰려는 노력을 기울인다는 뜻이다. 자신의 적성, 소질, 성향에 집중해 자신만의 장점을 발전시키면 더 많은 기회를 잡을 수 있게 된다. 친목을 가장한 술자리로 얼룩진 무의미한 저녁 시간을 되도록 줄이고 자신이 진정 원하는 일정으로 스케줄을 채워넣어야 한다. '반드시 해야 할 목록'을 재점검하면서 사소한 일에 쓸데없이 에너지를 소모하는지 확인한다. 신경 쓰지 않아도 될 일은 과감히 무시하고 중요한 일에 집중하면 시간이 생각보다 여유 있음을 느낄 수 있다. 생산적이지 못한 분주함을 제거한 덕분이다.

매일 저녁을 가족과 함께 보내면서 원기와 에너지를 충전하고 유대감을 돈독히 쌓는다면 직장에서 은퇴한 뒤 가정에서 자신의 자리를 찾지 못하는 비극은 없을 것이다. 드라마 속 비극의 주인공처럼 되고 싶은 이는 없다. 그런데 왜 이를 실천하지 못하는지 나로서는 의아할 따름이다.

이제 삼성처럼 눈치 빠른 기업들은 노동과 삶이 균형을 이루지 못하면 생산성과 효율성이 떨어진다는 사실을 인식하기 시작했다. 따지고 보면 더 큰 생산성을 이룩하기 위한 수단이기는 하지만 인간에 대한 통찰에 기반을 둔 경영상의 변화라는 점에서 이를 반길 만하다. 사람은 여가를 확보해야만 창의적이고 입체적인 사고가 가능하니 말이다. 그렇지 않은가. 지친 두뇌를 독서를 통해 추스르는 한편 자기를 계발하고 가족과 단란한 시간을 보내면서 정서적 안정을 취한 사람이 업무에 집중할 수 있는 것은 당연한 이치다.

과도한 야근과 저녁 자리는 가치 창조보다는 형식적이고 의례적인 것에 가중치를 두는 조직, 눈치 보는 문화가 만연한 조직에서 전형적으로 나타나는 모습이다. 이제 이런 것들과 결별해야 할 때가 됐다. '워크 하드work hard'하기보다 '워크 스마트work smart'해야 한다.

**3장**

미래를
보라

# 1. 탁월함과 평범함의 차이

## 희소성에 대한 소고

기업은 되도록 구성원의 몸값을 싸게 지급하고 싶어한다. 왜냐하면 구성원에게 줘야 하는 돈이 너무 많으면 기업으로 떨어지는 수익이 줄어들 수밖에 없기 때문이다. 그래서 기업은 조직원의 숙련도가 너무 높아 비용이 크게 나가는 것을 원하지 않는다. 우리가 휴가를 가는 동안 회사에 별 탈이 없다는 것은 그만큼 우리의 임무가 높은 숙련도나 전문성이 필요하지 않다는 점을 의미한다. 이는 실로 거북한 현실이다. 사람들 대부분이 열심히 일하지만, 숙련도나 전문성을 키우지 못하니 몸값도 오르는 둥 마는 둥 한다. 단지 회사의 일개미로써 한낱 부속품에 불과한 인생을 살게 되는 것이다.

그럼 우리는 어떻게 해야 하나. 자신이 몸담은 환경이 생존을 옥죄

어오고 있음을 알아차리지 못해 죽음을 맞게 되는 개구리 신세는 벗어나야 한다. 결국에는 직장 안에서 자기만의 포지셔닝을 설정해 자신의 필살기를 예리하게 다듬을 수 있느냐가 관건이다. 남들이 당신만의 장점을 인정할 수 있게 하고 이를 살려나가야 한다는 뜻이다. 더욱 특별하게, 더욱 세밀하게, 그리고 더욱 전문적으로 좁은 문을 찾아 들어가야 한다.

여기에서 명심해야 할 것은 세상에 '공짜 점심'은 없다는 점이다. 당신만의 브랜드를 키워나가려면 각별한 노력이 필수다. 일상의 피곤함에 절어 시간을 허비해서는 승산이 없다. TV 시청 등 가짜 위로에 현혹되지 말고 당장은 피로하지만 결국 큰 기쁨과 만족감을 얻을 수 있는 일에 자신을 내던져야 한다. 직장에서 부여받는 업무와는 별개로 스스로 일을 벌이고 시장에서 테스트받으며 독립하는 데 필요한 실력을 쌓아야 한다는 의미다. 그것을 해내면 당신이 직장에서 선택받는 것이 아니라 당신이 직접 직장을 고를 수 있는 권한과 독립해서 삶을 꾸릴 만한 기회가 주어지게 된다. 현재 당신이 속한 직장에 목을 매달지 않아도 될 만큼 선택의 폭이 넓어지게 된다. 당신의 삶이 이전보다 자유로워짐을 의미한다.

자기만의 포지셔닝과 자기만의 브랜드를 만드는 것은 자신의 희소성을 계발한다는 것이다. 이는 싸워서 이기는 것이 아니라 이긴 후에 싸워야 한다는 승리의 기술을 실천하는 행위다. 나에게 절대적으로 유리한 규칙이 적용될 수 있는 곳을 피해 엉뚱한 곳에서 아무리 칼을 휘둘러봤자 허공만 가를 뿐이다. 스스로 자신이 싸울 전장을 결정하지 않으면, 후일 당신은 토끼를 더는 잡을 수 없는 사냥개처럼 버림받을 가능성이 크다.

어떤 일을 하든지 자신을 똑바로 응시하는 것이 우선이라는 점을 알아야 한다. 살기가 팍팍해지면서 사람들의 불안감도 덩달아 커지고 있다. 자격증이나 기술이 없으면 도태되지는 않을까 불안해하면서 각종 시험 준비와 이직 활동에 몰두하기도 한다. 그러나 정작 자신의 내면을 정비하고 새롭게 시작할, 또는 끝까지 지속할 힘을 키우는 사람은 많지 않다.

자기 조정self-control을 하려면 자기 이해가 필수적이다. 그래서 자기 삶을 곧추세운 이들은 다음의 세 가지 질문에 대해 스스로 해답을 구할 것을 조언해왔다. 첫째, 내 기질이나 성격상 장단점은 무엇인가. 둘째, 하고 싶은 일은 무엇인가. 셋째, 어떤 일을 할 때 의미 있다고 느끼는가. 이 세 가지 질문에 대해 진솔한 답을 구하는 과정을 통해 점점 자신의 실체에 가까이 다가갈 수 있게 된다. 또 자신이 추구해야 할 삶의 방향성도 알게 된다.

처음부터 완벽하게 자신의 성향을 파악해 잘 활용하기는 어렵다. 남들에게 관심을 두는 사람들도 자신의 정체성에 대해서는 소홀하기 쉽기 때문이다. 모든 원인을 안에서 찾기보다 밖에서 찾는 행태는 남에게 책임을 전가하기 좋아하는 인간에게 일종의 습관처럼 배어 있다. 더구나 사람들은 보통 자신의 독특한 취향이나 성향 등을 궤변이나 대의명분으로 포장하는 데도 선수다. 그래서 나는 당신이 스스로 공감하고 이해할 때까지 위와 같은 근원적 질문을 자기 나름으로 고쳐 활용해볼 것을 권한다. 그러다 보면 제대로 된 자기 분석이 나온다. 자신에 대해 철저하게 분석한 사람은 자기에게 주어진 업무에 대해서도 태도가 바뀐다. 자세나 태도 자체가 자기 삶에 충실할 수 있도록 자신을 최적화하기 때문이다.

예컨대 나는 인생이나 삶에 대한 철학적 담론을 즐기고 타인의 얘기를 듣고 조언해주는 것을 좋아한다. 그리고 말보다 글로 상황을 풀어내는 것을 좋아한다. 어떤 일을 조망할 때는 균형 감각을 갖춘 사고를 중시하고 그러기 위해 귀를 열고자 노력하는 편이다. 또 내가 중요시하는 것들에 대해 사회적으로 발언하기를 좋아한다. 특히 그 소통 채널이 책이면 더는 바랄 나위가 없다고 여긴다. 그러다 보니 항상 저술 테마를 찾고 관심 있는 분야를 책으로 기획하는 것을 즐긴다.

그러나 나는 숫자 감각이 떨어지고 성격이 급하다. 수줍음도 많아 어떤 조직이나 환경에 적응하는 데 남들보다 시간이 더 걸린다. 부지런하기는 하지만 임기응변으로 대처하는 기술이 약하다. 관념적 사고에 강하다 보니 즉흥적 측면에서는 처진다는 생각이 들 때가 적지 않다. 그래서 나와는 달리 위트 있고 지혜로우면서도 상황 판단이 뛰어난 사람들을 좋아한다. 가까운 친구나 기질적으로 잘 맞는 사람 중에는 이상하게도 나의 단점과 반대되는 특징을 가진 이가 많다. 본능적으로 내가 이런 친구들에게 끌리는 모양이다.

이런 것들이 나의 기질이자 특징이다. 위 세 가지 질문에 직접 해답을 구함으로써 나 자신을 더 잘 이해하게 된다. 더 나아가 행동 기준과 지향점을 설정하는 데도 큰 도움을 얻을 수 있다. 인생의 큰 그림을 그리는 기초이자 가장 중요한 데이터를 마련한 셈이기 때문이다. 무엇이든지 기초가 중요하다. 자신의 특징을 아는 것은 꼭 무엇을 이루기 위한 수단이 아니라 그 자체로도 필요하다. 자신에 대해 공감의 폭이 깊고 넓을수록 좀 더 객관적으로 바라볼 수 있다. 또한 인생을 살면서 여러 맥락과 뒤섞이고 얽히는 과정에서 흔들릴 수 있는 자기 인생에 대해 좀 더 긍정적 해석을 부여할 수 있는 계기를 마련해준다.

자신의 본바탕을 제대로 인지하고 있어야 한다. 그럼 누군가의 강요나 의무에 따라서가 아니라 내적 만족이나 필요에 따라서 자신을 움직이게 하는 분야를 수월하게 찾을 수 있다. 거기에서 승부를 봐야 한다. 그 분야는 당신을 남들과 다른 누군가로 각인시킬 가능성을 조금 더 많이 품기 때문이다. 당신의 희소성은 바로 그 지점에서 나온다.

아직 씨앗으로만 남아 있는 미완의 가능성을 절차탁마의 과정을 거쳐 외부로 싹을 틔워보자. 그것이 하나둘 열매를 맺는 순간, 당신에게는 일종의 이름표가 붙게 된다. 사람들이 당신을 연상할 때 조간 반사적으로 떠올리는 그 사람만의 개성, 특징, 경쟁력이 그런 것들이다. 유능한 사람치고 그만의 이미지가 형성되지 않은 사람은 없다. 그만큼 몰입을 통해 자신만의 영역을 개척했다는 얘기다.

미국에서 여성 최초의 국무장관으로 명성을 떨친 매들린 올브라이트는 자신만의 감각과 특징을 살리기 위해 브로치를 활용했다. 평양을 방문할 때는 미국 성조기 모양의 브로치를 달아 북미 관계 변화의 상징성을 드러냈다. 이라크를 방문할 때는 뱀 모양의 브로치를 달아 은근히 사담 후세인의 기를 죽였다. 남아프리카공화국을 방문할 때는 아프리카의 상징인 얼룩말 브로치를 달았다. 이런 모습 때문에 그녀가 어떤 브로치를 다느냐가 언론에서 화제가 되기도 했다. 그녀는 몸에 지닌 장식을 외교의 병기로 삼을 만큼 남달랐다.

당신의 가슴에는 어떤 브로치가 달려 있는가? 남들이 그 브로치를 어떻게 평가하는가? 각자 자기 가슴에 자신만의 브로치를 달 수 있어야 한다.


## '어떻게'와 '어떤 것'의 차이

'길게 보면 어떤 사람의 경력은 대체로 평균에 수렴한다'는 이론인 '평균의 법칙'이 있다. 우리 인생의 희로애락에 비춰보면 결국 대다수 인생은 '평균'에 가깝다는 얘기가 된다. 이 점을 안다면, 우리가 너무 쉽게 어떤 사람의 인생 궤적을 범접하기 어려운 '신神'의 경지에 올려놓고 바라보거나 또 다른 어떤 사람의 인생 항로를 '꺼진 담뱃재' 취급하는 것은 지극히 오만한 발상이 아닐 수 없다. 어떤 사람이 특정 영역에서 뛰어난 능력을 발휘하면, 상대적으로 모자란 부분도 있기 때문이다. 그렇게 차이가 나 보이는 능력도 이래저래 꼼꼼히 비교하면 큰 차이가 나지 않는다.

그러나 다시 평균의 법칙을 곰곰이 생각해보자. 결국 능력의 평균치를 끌어올리기 위해서는 자신의 경쟁력을 극대화할 수 있는 분야를 잘 선택하는 것이 중요하다는 점을 알 수 있다. 평균의 법칙은 누구나 최고의 성과를 내고 나면 이완되고 저조한 성적 이후에는 분발한다는 자연스러운 인간 본성을 담고 있다. 그러니까 모든 사람은 나름대로 최대한 노력을 기울인다는 가정이 전제돼 있다고 봐야 한다.

실제로도 그렇다. 주위를 보자. 누구 하나 열심히, 최대한 노력하지 않는 사람은 없다. 그렇다면 우리는 무엇인가를 열심히 하기 전에 자기가 열심히 일할 분야를 선택하는 데 좀 더 세심한 주의를 기울여야 한다. 세상은 단순히 열심히 하는 사람에게 보상하지는 않는다. 모든 사람이 열심히 하기 때문에 결국 자신의 적성과 능력을 고려해 최적의 분야를 선택한 사람이 뛰어난 성과를 내게 된다. 그들이 가장 후한 보상을 받는 것이 세상의 이치다. 독창적이지 않은 업무, 조직의 울타리 안에서 단순 반복되는 사무, 지엽말단적 업무를 아무리 열심히 해봐야 그 한계는 분명하다. 자기가 없어도 그 일을 대신할 사람이 널려 있기 때문이다.

이건 '어떻게'와 '어떤 것'의 차이라고도 할 수 있다. 세상에서 성공한 사람들은 '어떻게' 좋은 성과를 내느냐에 집중하기 전에 '어떤 것'을 할지 치열하게 고민한다. '어떤 것'을 하면 내가 이길 수 있을까를 먼저 심사숙고했고 이길 수 있는 분야에서 '어떻게' 더 나은 성과를 낼지 고민했다. 그들이 이기는 게임을 할 수 있었던 것이 아닐까. 즉 그들은 자기만의 차별화된 능력에 대해 곰곰이 고민했다는 얘기다.

열심히 한다고 해도 남들과 달리 특별한 가치를 만들지 못하면 당신은 다른 사람으로 대체될 수 있는, 평범한 부속품 같은 신세에서 벗어날 수 없다. 자신이 좋아하고 능력을 발휘할 수 있는 분야를 용케 잘 찾은 사람들은 더욱 열정을 갖고 일에 매진하게 된다. 그런 사람들이 결국 성공이라는 월계관을 차지하게 된다. 그들은 사람들 대부분이 마지못해 조직에 매여 사는 자본주의 시스템 속에서 칼자루를 손에 쥐게 되는 것이다.

우리 시대의 영웅 스티브 잡스도 각자 자신의 인생을 살라고 강조했다. 그가 2005년에 스탠포드 대학교 졸업식에서 한 연설은 링컨의 게티즈버그 연설, 마틴 루터 킹 목사의 워싱턴 평화 대행진 연설과 함께 전 세계에서 가장 유명한 연설이 됐다. 그 연설의 한 구절은 이렇다.

"여러분의 시간은 한정돼 있습니다. 그러니 타인의 삶을 살며 인생을 낭비하지 마세요. 당신의 마음과 직관을 따를 용기를 가지십시오. 언제나 갈망하고 언제나 우직하게stay hungry, stay foolish."

## '베스트'보다 '유니크'

세상에서는 전방위 경쟁이 벌어지고 있다. 한마디로 살벌한 싸움터다. 이런 전장의 특징은 뜻하지 않는 돌발 변수가 난무하고 경쟁 구도도 복잡하기 이를 데 없다는 점이다. 이제 비즈니스 세계에서는 특정 분야의 일등 여부보다는 유연하게 상황에 대처할 수 있느냐가 더 중요해지고 있다.

김밥집의 경쟁자는 단순히 이웃에 있는 김밥집이 아니라 바로 맞은편의 커피전문점일 수 있다. 커피전문점에서 김밥 대신 와플을 먹는 젊은 세내가 많기 때문이다. 같은 맥락에서 소니의 경쟁자는 삼성전자가 아니라 페이스북일 수 있다. 소니 게임기로 시간을 보내기보다 페이스북이나 스마트폰으로 소일거리를 하는 사람이 점점 늘어난 탓이다. 애플이 기기의 성능 때문에, K-팝이 음악성 때문에 인기를 끄는 것이 아니다.

인수합병M&A의 달인으로 통하는 손정의 소프트뱅크 회장은 야후 지분 인수, 일본 최초의 초고속 인터넷 출시, 이동통신 사업 진출로 기업을 키웠다. 속된 말로 잘 '지르는' 손정의 회장이다. 하지만 그는 인수합병이야말로 가장 치열한 숫자 싸움이라고 말한다. 첫 번째 딜부터 창업 전 이미 구상한 경영진단 시스템 '100번의 노크knocks'를 십분 활용했다. 100번의 노크란 특정 사업에 대한 100가지 지표를 그래프화해 일목요연하게 살피는 것을 말한다. 손정의 회장은 검토 항목을 1만 개까지 늘릴 수 있다고 강조한다. 그는 앞으로 시장의 60퍼센트 이상을 점유할 가능성이 없는 회사, 이미 너무 많은 투자자가 침을 흘리는 회사, 현금 흐름이 위태로운 회사는 거들떠보지도 않았다. 비용 대비 효과를 가늠하기 위해 1만~2만 페이지 분량의 시뮬레이션도 마다하지 않았다.

"무엇이든 골이 빠개지게 생각한다."

손정의 회장의 치밀함을 엿볼 수 있다. 그는 2006년에 보다폰재팬 Vodafone Japan을 인수해 이동통신 사업에 진출한 후 이른바 폭탄할인제인 '화이트 플랜' 요금제를 내놨다. 이것이 업계에 큰 파장을 불러일으켰다. 이 요금제의 핵심은 새벽 한 시부터 저녁 아홉 시까지 가입자 간 통화는 모두 공짜로 한다는 것이었다. 당시 경쟁 업체들은 "그래서야 수지타산이 맞겠느냐"며 대놓고 무시했다.

하지만 손정의 회장의 생각은 달랐다. 그는 조만간 음성 통신만으로는 지속 성장이 불가능할 때가 오는 만큼 미래의 핵심 수익원은

콘텐츠 판매와 데이터 통신일 것으로 봤다. 앞으로 사업의 관건은 당장 거둘 수 있는 수익이 아니라 가입자 확보 그 자체임을 간파했던 것이다.

결국 소프트뱅크는 놀라운 성장을 하게 된다. 손정의 회장은 이런 혜안의 비결에 대해 다음과 같이 설명했다.

"예측 못 할 앞날은 없다. 배를 타고 가면서 바로 앞을 보면 멀미가 나지만, 몇백 킬로미터 앞을 보면 바다는 잔잔하다. 배도 편안해진다. 같은 이치 아니겠느냐."

목표를 분명히 인식하고 매 순간 지금보다 더 잘할 방법을 모색해야 한다. 이런 태도를 습관처럼 내재화할 수 있다면 경쟁에서 승리할 수 있다.

몽골 제국을 일으킨 영웅 칭기즈칸도 '보급'과 관련해 남들이 생각하지 못한 방법을 알고 있었기에 세상을 호령할 수 있었다. 고대 전투에서 가장 중요한 요소 중의 하나가 바로 보급이다. 제아무리 용맹한 군사들도 먹지 않고는 싸울 수가 없었기 때문이다. 보통은 전투부대보다 식량을 옮기는 보급부대의 인원이 더 많을 정도였다. 칭기즈칸이 초원을 누비던 12세기까지만 해도 유럽에서는 대개 군인 한 명이 식량을 나르려면 다섯 마리의 말을 끌고 다녀야 했다. 당연히 진군이 더디고 전투 대형도 신속하게 갖추기 어려웠다.

하지만 칭기즈칸은 달랐다. 병사 한 명이 일 년치 음식을 달랑 5킬로그램짜리 포대 하나에 짊어지고 다녔다. 그 비결은 소 한 마리를 잡아 태양 건조로 육포로 만든 다음 잘게 부숴 가루로 만들었다는 점이다. 육포 가루를 한 움큼 꺼내 물만 부으면 언제 어디서나 영양가 높은 식사를 할 수 있었다. 칭기즈칸의 군대는 보급부대를 두지 않는 간편한 체제와 고도로 조직화한 편제로 당시 어떤 군대도 따라올 수 없는 최강의 기동력을 갖출 수 있었던 것이다.

이런 사례들은 무엇인가를 열심히 하되 새로운 가치, 차별화된 가치를 창출할 방법을 찾는 데 최고로 노력해야 함을 보여준다. 마이클 포터 하버드대 교수는 경쟁사보다 조금 더 나은 가치가 아니라 경쟁사가 줄 수 없는 가치를 전달하는 것이 이기는 길이라고 설파했다. 직장인이라면 자신의 포지셔닝에 대해 항상 곰곰이 생각해봐야 한다. 일에 대한 몰입을 통해 자신만의 특기와 장점을 발견하고 경력에 접목해 최고의 경쟁력을 도출할 방법을 찾아야 한다. 이런 과정을 통해 자신만의 강력한 비기秘器가 만들어지는 것이다. 자신의 적성과 재능, 환경 등 제반 요소를 고려해 자기 포지셔닝을 제대로 잡는다면 싸우기 전에 이미 이긴 것이나 다름없는 전쟁에 나갈 수 있다. 이렇게 준비한 사람은 이길 수 있는 싸움만 하는 셈이기 때문이다.


## 1퍼센트의 힘


스포츠, 그것도 제일 큰 이벤트인 올림픽을 통한 스포츠는 보는 이로 하여금 가슴에 큰 울림을 준다. 선수 개개인이 건곤일척의 기량을 통해 승부를 겨루는 것을 보면서 우리 인생도 저런 스포츠의 축소판과 다를 것이 없다는 데 생각이 미치게 된다. 특히 시합이 다 끝나고 메달리스트의 사연을 접하면 그런 감동이 배가된다. 압도적 기량으로 거칠 것 없어 보이던 금메달리스트가 가시밭길로 점철된 과거를 걸어왔음을 알게 되는 순간, 탁월한 성취의 이면에 얼마나 많은 눈물과 시련이 있었는지 다시금 깨닫게 된다.

한편으로는 메달을 손에 거머쥐지 못한 선수들에 대한 안쓰러움도 밀려온다. 이런 안쓰러움은 1~3위 간의 기량 차이가 백지 한 장이나 될까 싶을 만큼 작다는 데서 기인한다. 하지만 그들이 받게 되는 평가는 너무한다 싶을 정도로 차이가 난다는 현실 인식이 녹아 있다. 일등이 이등보다 실력이 두 배 이상 좋은 것은 아니다. 보상 차이는 이런 사실을 무색하게 만들 만큼 크다. 세상은 결국 조금 더 잘한 사람에게 큰 보상을 하는 시스템이니 말이다. 스포츠에만 국한된 것이 아니라 인생과 비즈니스 모든 영역에 두루 적용되는 얘기다. 탁월함과 평범함 간의 차이는 미미하지만 결국 승부를 가르는 것은 그 작은 차이다.

연극연출가 오태석 씨는 업계에서 가장 영향력 있는 실력파로 꼽히는 인물이다. 특히 그는 연극 연습 때 두터운 메모지를 들고 배우들의 일거수일투족을 꼼꼼히 체크하는 것으로도 유명하다. 사람들 대부분은 그가 한두 마디로 촌철살인 같은 지적을 할 것이라고 지레짐작하곤 하지만, 틀렸다. 그는 연극배우의 호흡, 발성, 시선 처리, 무대 장치 등 어느 하나 가벼이 여기지 않고 일일이 메모해 알려준다. 눈에 띄는 대목은 오태석 씨의 날카로운 지적 사항을 듣는 배우들의 대도다. 단역을 맡은 조연들은 대개 자신의 지적 사항에만 주의를 기울이다 이내 딴청을 피우지만, 주연배우들은 남의 지적 사항도 하나하나 메모하는 경향이 뚜렷하다고 한다. 이런 생활의 작은 태도

나 습관 하나가 중요한 시기에 승부를 가르는 관건이 되는 것이다.

세상 일이 예측하기 어렵다는 것을 보여주기 위해 자주 언급되는 법칙 가운데 카오스 이론이 있다. 카오스 이론의 뼈대는 초기 조건의 미세한 차이가 최종 결과에서 거대한 차이를 만들어낸다는 것이다. 즉 처음의 발생이 겉보기에 하찮아 보인다 하더라도 예기치 않게 큰 결과를 가져올 수 있다는 의미이다.

실제로 시장 초기 단계에서 한 기업이 경쟁사보다 10퍼센트 정도 우수한 품질을 가진 제품을 만들 수 있다면, 나중에는 시장 점유율 차이를 훨씬 크게 벌릴 수 있는 것이 현실이다. 미세한 품질 차이가 단순히 산술급수적 시장 점유율 차로 이어지지는 않는다는 뜻이다. 스포츠 경기에서 모든 보상이 메달리스트에게 집중되는 것과도 일맥상통한다.

뭐든지 승부를 가르는 1퍼센트가 중요하다. '시계의 초침을 어느 방향으로 움직일 것인지'가 아직 표준화되지 않은 상황이라고 가정해보자. 이때 현재와 같은 방향으로 돌아가는 것을 표준으로 정하기 위해서는 전체 시계 가운데 단지 51퍼센트만 그런 시계이면 된다. 왜냐하면, 1퍼센트만 앞서도 앞서는 것이다. 이는 곧 표준이 될 조건을 갖췄다는 의미이기 때문이다.

어떤 기업의 경영권을 누가 갖느냐의 문제도 마찬가지다. 어떤 주주가 전체의 50퍼센트에 해당하는 지분에서 단 한 주만 더 소유하고 있더라도 기업의 최대 주주로서 경영권을 좌지우지할 수 있다. 만일 2대 주주가 50퍼센트에서 단 한 주 덜 갖고 있다면 경영권은 꿈도 꿀 수 없다. 물론 주주 자본주의에서 대주주는 이사회 등을 통해 경영 전반에 걸쳐 자기 의사를 반영할 수 있다. 하지만 어쨌거나 최대 주주가 아니므로 경영권을 가질 수 없는 것이 현실이다. 그래서 양자 간의 균형을 깨는 1퍼센트의 힘이 중요한 것이다. 혹시 누군가는 이렇게 타박할 수도 있을 것 같다.

"에이. 고작 1퍼센트 가지고 뭘 그리 빡빡하게 굴어."

하지만 이런 타박은 사소함이 얼마나 어마어마한 결과로 귀결되는지에 대한 통찰력이 부족하기 때문이다.

연못에 단 두 마리의 금붕어가 있다고 가정하자. 두 마리의 금붕어는 처음에는 정확히 같은 크기였다. 그중에서 아주 조금 커진 놈은 상대적으로 더욱 커지게 된다. 왜냐하면 초기의 근소한 우위가 강력한 추진력으로 작용해 훨씬 더 많은 먹이를 먹을 수 있게 되기 때문이다. 부자가 더 부유해지고 유능한 사람이 더 유능해지고 하는 것은 이와 같은 피드백의 순환고리가 작용하기 때문이다.

이런 큰 차이는 간발의 차이로 발생한다. 인간과 침팬지의 유전자도 99퍼센트가 동일하다. 인간과 침팬지를 갈라놓는 것은 1퍼센트의 작은 차이일 뿐이다. 1퍼센트 때문에 인간이 인간일 수 있는 것이다. 한 음료의 광고 카피로 유명한 '2퍼센트 부족할 때'는 정말 엄청난 차이라고 할 수 있다. 사소한 것을 가벼이 여기지 않는 습관이 바로 행복과 성공을 가져오는 핵심 원리가 아닐까 싶다.

야구선수에서 이제는 해설가로 변신한 양준혁 씨는 통산 타율이 3할 1푼 6리다. 야구사에 남을 만한 타자로 꼽힌다. 하지만 그가 팬들에게 사랑받는 이유 중 하나는 1루까지 가장 열심히 달리는 선수였다는 점 때문이다. 그 스스로 "내야 안타가 159개였는데, 그게 없었으면 통산 타율은 2할 9푼대였다"고 겸손해한다.

양준혁 씨야말로 1퍼센트의 가능성을 믿고 죽기 살기로 자기 일에 매진한 진정한 고수라고 할 수 있다. 매사 최고로 노력하는 선수는 자기가 열심히 뛰면 상대 내야수도 다급해지기 때문에 실책을 범할 수 있음을 안다. 결과가 어차피 별것 아닐 것으로 생각해 대충 넘어가면 기회를 만들 수 없다. 하나 마나 한 짓이라고 치부하는 것이 가장 나쁜 자세다.

양준혁 씨는 20대 때 웨이트 트레이닝을 하던 고통에 대해 말하기도 했다. 그는 당시 상당히 마른 편이었다. 이것이 야구선수로서 평생 핸디캡이 될 것으로 생각하고 근육을 불리기로 마음먹었다고 한다. 그런데 근육은 바로 붙는 것이 아니어서 처음에는 파열되고 찢어지기 일쑤이다. 그래도 근육이 박히려면 계속 운동을 해야 했다. 힘들다고 중단하면 다시 원점으로 돌아가기 때문이다. 뭔가 얻으려면 고통을 외면하지 말고 받아들이면서 뚜벅뚜벅 나아가는 것이 제일 중요하다. 우보천리牛步千里의 진리는 야구나 인생이나 마찬가지이다.

사실 '일 근육'을 키우는 것, 자신의 발전을 위해 한 발 한 발 전진하는 것은 안주하려는 틀을 깨는 것이다. 헤르만 헤세가 『데미안』에서 말했듯이 새로운 세계로 태어나려는 자는 한 세계를 깨뜨리지 않으면 안 되는 것이다.

세상에서 가장 높이 점프를 할 수 있는 것은 곤충인 벼룩이라고한다. 사람으로 치면 63빌딩을 맨몸으로 뛰어넘는 것과 같다고 한다. 그런데 재미있는 것은, 우리가 벼룩의 점프를 원하는 대로 고정할 수있다는 점이다. 10층짜리 건물을 뛰어넘게 할 수도, 그 절반인 5층짜리 건물을 뛰어넘게 할 수도, 아니면 식탁 정도의 높이밖에 못 뛰게 할 수도 있다. 그 비결은 바로 벼룩을 뚜껑이 막힌 유리병 속에 넣고 며칠간 기다리는 것이다. 처음에는 벼룩이 유리병을 탈출하기 위해 있는 힘껏 튀어 오른다. 그러나 뚜껑에 계속 부딪치면서 고통을 느끼게 되고 결국에는 점프하기를 포기한다. 그러면 자연스럽게 점프할 수 있는 근육이 퇴화하고 유리병 정도의 높이도 뛰기 버거워하는 벼룩이 되고 만다. 사람들 대부분이 벼룩처럼 시스템이 만들어놓은 테두리 또는 틀 안에 갇혀 사는 데는 이런 메커니즘이 작동하는 것이다.

직장인들이 발전을 꾀하는 과정도 마찬가지다. 사회가, 조직이, 동료가, 만연한 선입견이 만들어놓은 일종의 규칙과 한계를 깨고 부단히 정진해야 한다. 그런 과정에서 자신의 생에 부여된 소명을 깨닫고 흔들림 없이 자신의 길을 가는 것이다.

성공이라는 것은 거창한 것이 아니다. 성공의 범주를 많은 돈을 벌고 큰 명성을 쌓고 하는 등의 결과에만 묶어놓는 우를 범해서는 안 된다. 신문기자로서 일반 직장인들과는 비교할 수 없을 만큼 크게 성공한 사람들을 만나봤다. 고위 관료, 기업 CEO, 음식점이나 커피전문점 체인 사장도, 수억대 연봉을 받는 보험설계사도 물론 성공한 사람이다. 하지만 자신의 인생에서 진정한 기쁨을 발견하고 남다른 노력을 기울이며 사는 사람들도 성공 가도에 이미 오른 것이나 마찬가지이나. 그들은 자기 일에서 정력을 다해 일할 수 있게 만드는 모티프를 발견한 사람들이다. 그 작은 모티프가 결국 성공의 씨앗이 돼준다.

세상이 얼기설기 얽혀 복잡해지면서 삶이 팍팍해진 탓인지 자기

두 발이 자리를 둔 일터보다는 다른 곳에서 나오는 목소리나 풍경에 더 관심을 두는 사람이 많다. 다른 일이나 사람에 호기심을 갖는 것 자체는 나쁜 것이 아니다. 자신이 미처 깨닫지 못한 것들을 수혈하는 통로, 인생을 다른 관점에서 바라보게 하는 렌즈, 살면서 필요한 네트워크 구축이라는 실용적 목적에서도 다른 이들에게 관심을 두는 것은 득이 될 수 있다. 그러나 그것이 지나쳐 소음에만 몸을 맡긴 채 자기 혁신의 배경이 되는 현재의 자리를 방치해 잡풀이 무성하게 자라도록 해서는 안 된다.

1퍼센트를 더 움직이게 하는 변화의 출발점은 결국 자신이 현재 자리를 두고 있는 위치이다. 밖에서 구원의 동아줄을 구하기 전에 일단 안에서 자신의 능력을 모조리 짜내 전력투구하는 시간을 가져야 한다. 일에서 자신의 심장을 뛰게 하는 것, 일로 밤을 새워 피곤할지언정 또 시간을 들여 완벽을 추구하게 하는 것이 있는지 탐색하는 것이 우선이라는 얘기다. 우리가 꿈꾸는 '그 무엇'은 현업에서 최대한 노력할 때 슬며시 실루엣을 보여준다.

목적의식을 잃은 채 방황하고 갈피를 못 잡아 허둥대는 사람이 많은 것은 그만큼 일에 몰입하지 못하고 유리된 사람이 많다는 뜻이다. 삶의 방향을 전환하는 용기도 일단 지금 하는 일에 몰입하면서 자기 역량을 쌓은 이후에나 가능하다. 내 안에 1퍼센트까지 소진하는 몰입의 경험이 없기에 삶의 방향을 바꾸지 못하고 그냥 흘러가는 대로 조직에 순응하는 것이다.

# 한 명이 250명을 좌우한다

미국에서 15년간 무려 1만 3,000대의 자동차를 팔아 자동차 판매왕으로 명성이 자자한 조 지라드Goe Girad의 조언은 가슴에 새겨둘 만하다. 그는 평소에 신념처럼 '250의 법칙'을 주장해왔다. 이 법칙은 보통사람들이 결혼식이나 장례식과 같이 인생의 중요한 행사에 초대할 만한 지인을 평균 250명 정도 가지고 있다는 것이 요지이다.

만약 어떤 매장 직원이 한 달에 단지 두 명의 고객에게 부정적 이미지를 남긴다고 하자. 그러면 이 두 명이 각자 250명씩 500명에게 그 부정적 이미지를 전달할 수 있다. 이런 식으로 몇 개월만 지나도 엄청난 사람들에게 그 매장에 대한 나쁜 이미지가 전파된다. 그래서 지라드는 한 명의 고객을 대할 때도 250명의 고객을 대한다는 마음가짐으로 깍듯하게 최고로 대해야 한다고 강조한다. 마치 베테랑 뉴스앵커가 표정이나 단순한 고갯짓 등도 섬세하게 연출해 카메라에 반응해야 하듯이 말이다. 지라드가 발견한 법칙은 마케팅이나 세일즈뿐만 아니라 우리가 삶을 대하는 자세나 태도에 적용해도 교훈이 될 만한 내용을 담고 있다.

250의 법칙이란 바로 개개인의 힘이 얼마나 큰지, 즉 세상을 바꾸는 기본 단위로서 개인의 힘이 얼마나 큰지 웅변하고 있다고 볼 수 있다. 사실 우리가 스스로 자신이 가진 역량이나 힘을 평가절하하는 데 익숙해서 그렇지, 미약한 존재의 만만치 않은 저력을 내포하는 법칙이나 이야기는 너무나도 많다. 세상 모든 사람은 여섯 다리만 거치면 다 연결된다는 이야기나 아주 작은 오차를 갖는 초깃값이 결과적으로 엄청난 결과를 낳는다는 나비 효과, 지구촌을 공포로 몰고 가는 바이러스의 위력 등은 작고 미약한 존재처럼 보여도 따지고 보면 절대 그렇지 않다는 교훈을 던지는 사례로 볼 수 있다. 어떤 개인이 진짜로 작은지 큰지는 각자가 스스로 만드는 것이다.

세상이 나 때문에 바뀔 수 있다고 믿는 사람은 일단 나를 지지하는 강력한 소수를 만들어 세상을 움직일 지렛대로 삼을 필요가 있다. 어떤 조직의 리더들을 유심히 보면, 그들은 자신을 진정으로 믿고 따르는 심복들이 있다. 그들은 자신의 리더가 연설을 하면 박수를 치는 식으로 열렬히 환호한다. 그렇게 되면 또 많은 사람이 그들을 따라 다시 박수를 치게 되고, 그래서 조직의 모든 이가 리더의 연설에 박수를 치게 되는 것이다.

하지만 그가 자신을 진정으로 따르는 강력한 소수 그룹을 만들지 못하면 항상 외톨이가 될 수밖에 없다. 자기 뜻을 펼치려면 자신을 대신해 남들을 설득할 무리가 필요하다. 그에게 그런 역할을 해줄 사람이 없다면 단순히 나비의 날갯짓에 머물 가능성이 큰 탓이다.

비즈니스에서 크게 성공한 사람들도 처음부터 큰 비결이 있었던 것은 아니다. 단골에게 최고의 서비스를 제공함으로써 뜨내기 고객을 단골로 만들면 입소문을 통해 급속도로 고객층을 넓혀나갈 수 있었던 것이다. 인생이나 비즈니스의 기회는 결국 사람을 통해서 온다는 점을 되새길 필요가 있다. 한 명을 우습게 알면 망하고 한 명을 귀히 알면 흥하게 되는 메커니즘은 여기에서 나온다.

## 2. 판단의 질을 높여라

### 독서는 자기 성장의 도구

독서를 꾸준히 하면 자신도 모르는 사이에 그 힘이 내 속에서 응축돼 있다가 더는 참지 못하고 배어 나옴을 느끼는 때가 온다. 한지가 먹물을 빨아들이듯이 말이다. 독서는 때로는 점수화할 수 있는 개별 과제의 성과를 높이기 위한 '원 포인트 릴리프one point relief' 같은 역할을 하기도 한다. 하지만 독서의 저력은 이런 단기적 목표를 겨냥하기보다 체질 개선과 같은 좀 더 근원적 개조를 이끄는 데 있다. 달리 표현하면, 잔기술을 가르치는 것이 아니라 인생의 기본기를 탄탄하게 다져준다고 할 수 있을 듯싶다. 삶의 고비마다 갈림길에서 순도 높은 판단을 유인하는 것이 바로 독서의 힘이다. 그래서 독서의 효능은 그 폭과 깊이를 가늠하기 어렵다. "사람이 책을 만들고, 그 책은 또 사람을 만든다"는 말은 그저 사람들을 책으로 불러들이기 위한 공치사가 아니다.

나에게도 책은 힘든 기간을 견디게 해준 버팀목이었다. 전공과 불화를 겪으면서 새로운 무언가를 마련하기도 전에 학교를 중퇴했다. 그때 주위 사람들 대부분은 적잖이 당황하고 걱정했다. 하지만 나는 '적績이 없는' 내 형편을 별로 개의치 않았다. 내가 방황하면서 철 없는 결정을 한 것처럼 남들에게 보였을지는 몰라도 내심 옳은 결정을 내렸음을 직감처럼 느꼈기 때문이다. 내가 가장 좋은 선택을 했다면 곧 내게 맞는 자리를 찾아갈 것이라는 자신감이 있었다. 물론 남들은 자기 적성에 맞춰 주어진 길을 따라가고 있는데 나는 좌표를 재설정하는 기회비용을 치르고 있다는 사실이 안타깝기는 했다. 하지만 다 내 판단착오와 불찰 탓에 빚어진 일이었다. 오직 점수 따기 경쟁에 떠밀려 아무 생각 없이 살았던 젊은 날, 오롯이 내 적성과 관심에 집중하지 못했던 맹목적 시간에 대해 그 대가를 치르는 것일 뿐이었다.

그렇게 생각하자 오히려 마음이 더 편안했던 것 같다. 평소에는 무척 소심한 편인 내가 대학교를 중퇴하고 새로운 곳에서 학업을 이어갈 용기를 주저 없이 낼 수 있었던 것은 책을 가까이했기 때문이 아닌가 한다. 책을 통해서 '젊은 시절 나만 이런 고민을 하는 것이 아니구나' 하는 위로를 얻었다. '어차피 가는 인생, 조금 에둘러간다고 어찌 될쏘냐' 하는 '개똥철학'도 폐부에 장전했던 것 같다. 홀로 일반적 궤도를 이탈했다는 조바심이 없지 않았지만, 이 보 아니 백 보 전진을 위해 일 보 후퇴한다는 마음으로 시간을 헛되이 보내지 않으려

애쓰던 기억이 새롭다.

지나고 보니 사람은 외로워야 책을 더 가까이하게 되는 것 같다. 주위에 친구가 너무 많고 챙겨야 할 소소한 일상이 넘쳐나면 책과 독대하기 쉽지 않다. 좀 외롭고 쓸쓸하고 고민거리가 있을 때 책을 찾는 것이 아닌가 싶다. 한번 책 읽는 맛을 느끼게 되면, 내 생활에 또다른 변화가 찾아와도 다시 독서에 매달리게 된다. 빳빳한 책장을 넘기며 삶의 지혜를 낚아올리는 감동과 재미를 잊지 못하는 것이다. 그런 과정을 통해 독서가는 인격적으로 정신적으로 훌쩍 성장하게 된다.

세계의 위인들도 독서를 통해 자신을 업그레이드해나가 큰 성취를 일궈낼 수 있었다. 전쟁 영웅 나폴레옹도 책 사랑이 대단했다. 그의 두뇌는 "서랍 같다"는 말을 들을 정도였다. 그 이유는 그의 머리 안에는 전쟁에 대한 지식뿐만 아니라 재정 문제, 상업, 문학에 이르기까지 각종 지식이 각각의 서랍 속에 들어 있는 것처럼 잘 정리돼 있었기 때문이다. 그의 지식은 필요할 때마다 요긴하게 꺼내 사용할 수 있었다고 하니 평소 독서에 얼마나 집착했는지 알 수 있다.

실제로 나폴레옹은 어린 시절부터 책방의 책을 온통 다 삼켜버릴 듯이 읽었다고 한다. 군인에게 필요한 전문 서적이나 포술 관련 책은 기본이요, 역사·지리·수학·법률·문학 등 다양한 분야의 책을 섭렵했던 것이다. 수학은 학생 시절부터 매우 좋아한 과목이다. 세인트 헬레나 섬으로 유배를 가는 도중에도 배 안에서 문제 푸는 일에 열중했다고 한다. 법률 분야에서는 6세기의 유스티니아누스 황제 Justinianus I 때 저술된 이후 유럽 각국 법률의 원전이 됐다는 평가를 받는 『로마법대전』까지 독파했다. 나중에 프랑스의 새로운 헌법과 민법을 기초할 때 쭉 늘어서 있던 법률학자들에게 뒤지지 않을 정도로 법률 지식을 피력할 수 있었다고 한다. 괴테의 작품인 『젊은 베르테르의 슬픔』을 전쟁터에까지 가지고 다니며 여러 번 읽었다는 사실은 익히 잘 알려졌다.

나폴레옹은 몇 편의 소설을 직접 썼을 만큼 이미 전문가적 소양을 갖춘 문필가이기도 했다. 그의 독서 편력과 관련해 놓치지 말아야 할 점은 책을 읽고 난 뒤에 그 내용을 요약 발췌해 기록해놓았다는 점이다. 이런 식의 습관을 몸에 익힘으로써 그 내용을 한층 더 정확하게 파악할 수 있었던 것이다. 그가 역사적 영웅으로 성장한 데는 이렇게 독서가 토대가 됐을 것이다.

이처럼 전인적 인간을 만드는 데 가장 좋은 방법은 독서다. 되도록 많은 책을, 그것도 광범위한 분야에 걸쳐 읽으면 그만큼 사유의 폭이 넓어진다. 뛰어난 능력자들은 알고 보면 하나같이 책벌레인 경우가 많다. 그들은 많은 책을 읽음으로써 세상을 살아가면서 부닥치는 갖가지 상황에 더 잘 응전할 수 있는 능력을 키운 사람들이다. 책을 통해 무엇이 옳은지 그른지 스스로 판단할 힘을 기르고, 다양한 관점과 견해를 접하고 수용하는 과정을 통해 자신의 견해를 좀 더 발전적이며 융합적으로 다듬는 계기도 잡게 된 것이다.

장애인 국회의원 장향숙 씨도 골방에 처박혀 무던히도 책을 읽었다. 몸이 성치 않아 스스로 움직일 수 없는 형편이었으니 무척 답답했건만 그녀는 책을 통해 자기 안에 생동하는 생명력의 존재를 느꼈다고 한다. 그녀의 표현을 빌리면, 책의 효능은 가끔 거대한 벽에 닿아 주저앉거나 삶의 방향을 잃고 헤맬 때 어김없이 길을 보여준다는 점이다. 그러면서도 책 읽는 사람의 등을 떠밀면서 앞서 가라고는 하지 않는다. 당사자와 항상 한 발짝 떨어져 조언하고 위로하고 방향을 제시하는 역할을 책이 한다는 것이다. 전적으로 동감하는 얘기다.

벤자민 프랭클린도 겨우 2년에 불과한 정규 교육밖에 받지 못했지만 꾸준하고 맹렬한 독서 덕분에 정치, 외교, 출판, 인쇄, 과학, 교육 등 여러 분야에서 최고 자리에 오를 수 있었다. 프랭클린은 어린 시절 라틴어 학교에 입학해 일등을 할 만큼 똑똑했다. 하지만 많은 식구를 부양해야 하는 부친의 권고로 학업을 그만두고 열두 살이 될 때까지 부친의 사업을 도왔다. 그 와중에도 프랭클린은 아주 적은 돈이라도 생기면 책을 사 읽는 일에 열중했다. 아들의 이런 학구적 모습을 본 아버지는 프랭클린에게 인쇄 일을 시켰다.

프랭클린은 독서를 통한 지적 성장에 곁들여 자기 생각을 표현하기 위한 특수 훈련을 시작했다. 1711년부터 12년간 런던에서 발행된 『스펙테이터 The Spectator』라는 잡지가 있다. 프랭클린은 이 잡지에 매료된 나머지 여기에 실린 뛰어난 글을 흉내 내기 시작했다. 어떤 글에서 감명 깊은 내용을 읽으면 그 문장의 요점만을 간략히 적어놓았다. 며칠이 지나 그 문장을 잊어버릴 만한 때가 되면 그는 그 요점만을 가지고 스스로 『스펙테이터』의 원래 글을 완성해나갔다. 그러고 나서는 원래의 문장과 자신이 쓴 문장을 비교했다. 그런 식으로 멋지고 감명 깊은 문장을 작성하는 방법을 깨우쳐 나간 것이다. 원문 요약과 다시 쓰기를 통해 프랭클린은 문장력과 표현력을 키웠다. 이는 자기 성장의 중요한 도구를 키우는 계기가 됐다.

## 폭넓게 읽어야 내공이 쌓인다

야구감독 중에는 어느 포지션 출신이 가장 많을까. 포수라고 한다. 포수는 그라운드의 야전사령관으로 불리며 많은 포지션 가운데 유일하게 그라운드 전체를 조망한다. 그만큼 시야가 넓고 분석력도 필요하다.

포수 출신 감독이 많은 이유는 포수라는 포지션 자체가 경기장을 두루 살펴보면서 여러 관점에서 경기를 바라볼 여지가 상대적으로 많기 때문이 아닐까 싶다. 독서도 이런 맥락에서 생각해볼 수 있다. 다방면으로 여러 분야를 탐독한 사람은 그렇지 않은 사람에 비해 특정 사안을 바라보는 시야 자체가 남다를 수밖에 없다.

매일 기삿거리에 목마른 신문기자들도 시간이 가다 보면 내공이 중요하다는 사실을 깨닫게 된다. 내공은 바로 사람과 인생, 우리 사회에 대한 통찰력의 심도를 의미한다. 본질적으로 다양한 분야의 많은 책을 폭넓게 읽지 않고서는 불가능하다. 이렇게 말하면 누군가는 이럴 수도 있겠다.

"바로 코앞에서 일어나는 일을 취재하는 게 기자인데 독서, 사유 이딴 것들이 무슨 소용인가."

이것은 하나는 알고 둘은 모르는 말이다. 파도의 수면을 보더라도 수심 깊은 곳에서 일어나는 일을 예측할 수 있어야 하기 때문이다. 그렇다면 전문 지식이 깊어질수록 더 필요한 것이 인문학적 토대다. 바로 이 지점에서 승부가 갈리는 것이다. 웅숭깊은 사유와 관찰은 수박 겉핥기식 지식만으로는 가능하지 않기 때문이다. 꾸준한 독서를 통해 어떤 사안이 닥치더라도 응용할 수 있는 적응력을 키우는 것이 그래서 중요하다.

나는 일주일에 두세 권은 읽는 편이다. 인문사회에 관심이 많아 에세이, 철학, 사회과학, 심리학, 잡다한 역사책 등을 두루 본다. 인물평도 좋아해 전기도 즐겨 보는 목록에 속한다. 다만 시와 소설 등 문학작품은 읽지 않는다. 한때 소설을 보려는 노력도 했다. 하지만 읽으면서 몰입하지 못해 활자를 겉도는 느낌이 들어 보지 않는다. 순수문학을 빼면 장르와 분야를 가리지 않고 본다.

독서를 할 때는 한 권의 책을 다 읽고 또 다른 책을 읽고 하는 식이 아니라 난독亂讀을 즐긴다. 테마로 보면 딱히 같은 카테고리로 엮기 어려운 주제의 책 서너 권을 겹쳐가며 읽는다. 이를테면 오늘 오전 출근 시간에는 지하철에서 신영복 씨가 쓴 『감옥으로부터의 사색』을 읽었다고 치자. 그러면 다음 날에는 톰 빙험Tom Bingham이 쓴 『법의 지배The Rule of Law』를 읽는 식이다. 읽다가 특히 재미가 있다면 한 권을 이틀이나 사흘 만에 다 끝내고 세스 고딘의 자기 계발서를 든다.

누군가는 이렇게 중구난방 식의 독법이 머릿속을 혼란스럽게 만드는 것이 아니냐고 우려하기도 한다. 하지만 이런 식의 독서가 가진 장점은 한 번에 서너 권을 동시에 독파하기 때문에 질리지 않고 읽을 수 있다는 점이다. 또 책은 모두 나름대로 가치를 갖고 있지만 모든 책을 처음부터 끝까지 꼼꼼히 정독할 필요는 없다. 어떤 책은 전체 280페이지 가운데 40~50페이지만 읽어도 전체를 본 것과 진배없다. 필요에 따라서는 전체 가운데 일부만 발췌해 읽는 것도 시간 안배 측면에서 유용할 때가 많다. 무엇보다 여러 권을 동시에 독파하는 방식은 폭넓은 지식을 좀 더 빨리 일정 궤도 이상 끌어올리는 데 유리하다. 이런 습관을 들이면 뇌도 집중을 위해 빨리 예열되고 다른 주제로 넘어갈 때도 빨리 그 주제에 적응하는 능력을 배가하는 것 같다.

독서의 장점은 뭐니 뭐니 해도 사고의 질을 높인다는 점이다. 종합적으로 분석하고 조망할 수 있는 능력은 평소 꾸준한 독서를 통해 사고 근육을 키운 사람에게 주어지는 보너스 같은 것이다.

최소율의 법칙law of minimum이라는 것이 있다. 독일의 생화학자 유스투스 리비히Justus von Liebig가 1843년에 주장한 '최소 양분율最小 養分律, law of minimum nutrient' 이론이다. 식물의 생산량은 가장 소량으로 존재하는 무기 성분에 의해 결정된다는 것이 이 이론의 핵심이다. 식물이 정상적 생육을 하기 위해서는 여러 종류의 무기 성분이 필요하다. 어느 하나라도 부족하면 식물의 생육은 그 부족한 성분량에 의해 지배되며 다른 성분이 아무리 많아도 정상적으로 자랄 수 없다는 것이다. 그 결과 공급 비율이 가장 낮은 인자에 의해 생산량이 결정된다. 사고를 도출하는 메커니즘도 이와 비슷하다. 폭넓은 독서를 통해 여러 관점으로 사안을 바라볼 힘을 길러야 중요한 순간에 내리는 판단의 질이 높아진다.

독서는 평생 공부하는 습관을 갖게 해준다. 독서가 어떤 공부법보다 효과적인 것은 스스로 필요에 따라 찾아서 하는 것이기 때문이다. 모든 것이 빨리 변하고 지식과 정보의 양이 폭증하는 시대일수록 배우려는 자세를 견지할 수 있느냐 하는 것 자체가 핵심 경쟁력이 된다. 직장인이든 아니면 독립해서 자기만의 사업을 하든, 독서는 그 사람의 진로에 큰 힘이 될 수 있다. 독서는 현실에서 부닥치는 여러 문제를 해결하는 과정에서 불가피하게 발생하는 시행착오를 줄이는 데 유용하다. 또 생을 살아가면서 자신의 중심을 잡아주는 인생관을 세울 때도 밑거름 역할을 해준다.

## 독서는 능동적 삶의 기본

이런 유무형의 장점이 있더라도 많은 직장인이 책을 외면하는 이유는 아마도 독서 경험 자체가 별로 없다 보니 독서의 재미나 효과를 제대로 느껴보지 못했기 때문인 듯하다. 그리고 이런 세태는 스마트폰, 아이패드 등 영상 위주의 매체에 의해 좀 더 강화되는 상황이다. 문명의 아이러니라고 할 만한 현상이라고 할까.

문명을 선도한 시대의 리더들은 하나같이 활자에 중독됐다고 할 만큼 책벌레들이다. 하지만 우리 주위 사람들 대다수는 세상의 리더들이 만들어놓은 문명의 이기 때문에 책을 점점 더 멀리하게 되는 환경에 종속되고 있다. 과격한 표현을 쓰면, 자본가들의 우민화 전략에 가깝다고 할 수 있을 것 같다.

우리는 역설적으로 너무 많은 글을 읽고 있지만 질이 낮은 것들에 노출돼 있을 뿐이다. 스마트폰으로 밀려드는 영상과 뉴스를 접하고 트위터에 실시간 댓글을 남기고 또 카카오톡에 나만의 정보를 업데이트하는 식이다. 이것만으로도 충분히 바쁘다.

하지만 이런 식의 일상은 독서라는 행위에 분명히 들어 있는 능동성이 없다. 마치 열린 수도꼭지에서 물이 쏟아지듯 엄청난 양의 단편적 정보를 일회적으로 소비하는 것일 뿐이다. 책을 읽는다는 것은, 달리 말하면, 일상의 번잡함을 내려놓고 어떤 주제나 특정 작가의 내면을 구체적으로 따라가면서 비판적으로 공감하는 행위를 의미한다. 즉 독서는 흘러가는 정보에 자신을 내맡기듯 순응하는 것이 아니라 자신의 삶을 통제할 정도로 고도로 능동적인 활동이다.

분명한 것은 책과 멀어질수록 남들에게 지배받는 삶을 살아가게 된다는 점이다. 스스로 정보와 텍스트를 통제하지 못하고 다른 것들이 나를 규제하도록 내버려두는 삶에서는 보람과 행복을 느끼기 어렵다. 독서는 정신을 적극적 태도로 견지하는 활동이고 이는 자신의 삶을 성찰하고 인생을 개척하려는 의지를 고양한다. 독서하는 사람이 인생을 주도적으로 사는 사람이고, 그런 이유로 더 행복한 삶을 살게 된다. 책을 가까이하는 사람이 점점 적어진다는 얘기는 자본주의의 거대한 시스템에 자기를 내맡긴 채 관행적 삶을 사는 이가 더 많아진다는 뜻과 같다.

독서의 효과를 체감하기 위해서는 시간이 꽤 쌓여야 한다는 점도 무슨 일이든 금세 효과를 보고자 하는 요즘 세태와 잘 맞지 않는다. 남들이 보지 않은 한두 권의 책을 읽었다고 해서 금세 학식이 높아지는 것도 아니고 판단력이 향상되는 것도 아니다. 독서의 힘을 일상에서 체감할 수준에까지 이르려면 독서 습관이 몸에 밴 상태로 적어도 5년에서 많게는 10년은 밀고나가야 하지 않을까 싶다. 독서 습관이 몸에 뱄다는 말은 짬이 날 때마다 책을 읽는다는 뜻이다. 그런 짬들을 차곡차곡 모으면 하루 최소 두세 시간을 확보할 수 있다. 그렇게 되면 한 달에 열 권가량의 책을 독파할 수 있다. 1년으로 치면 120권인데, 5년이 되면 600권이고 10년이면 1,200권이다.

그런데 내로라하는 독서가들이 다독가의 기준으로 삼는 책 권수가 최소 1만 권이라는 점을 생각하면 독서에 왕도는 없다는 생각이 든다. 그 정도 독파하고 나면 일종의 문리文理가 트여 전공과 관계없이 어느 분야라도 사람들과 얘기를 나눌 정도로 학식을 갖출 수 있다고 한다. 나는 안창호 선생이 "하루라도 책을 읽지 않으면 입안에 가시가 돋는다"고 한 것이 작위적이고 과시적이라는 생각을 한때나마 가진 적이 있다. 그러나 나 스스로 독서를 취미로 삼는 지금에는 그 말을 어렴풋이나마 이해하고 있다. 정말로 하루라도 책을 보지 않으면 식사 후 양치를 하지 않은 것처럼 찜찜한 기분이 드는 탓이다.

독서는 나와 거리가 있다고 으레 선을 긋기보다 흥미가 있는 분야의 책부터 꺼내 들어보라. 책 읽는 재미가 붙기 시작하면 한 달에 몇 권 정도 독파하는 것은 우스운 일이 된다. 물론 몇 권을 읽었느냐가 아니라 그 내용을 얼마나 자기 것으로 만들었느냐가 중요하다는 지적도 귀담아들을 필요가 있다. 저자와 마음으로 대화하는 것을 생략한 채 일방적 수혈처럼 무턱대고 읽기만 해서는 곤란하기 때문이다.

독서량은 어느 정도 쌓여야 '자기화'할 수 있다. 얼마 되지도 않는 인풋input으로는 독서 당사자를 되려 편협하게 만들 수도 있다. 직장 초년 시절에 선배들이 되도록 지시한 대로 따르기를 요구하는 이유도 비판적 사고도 중요하지만 일단 배우는 것이 우선이라는 삶의 경험칙經驗則에 근거한 것이다. 곰곰이 생각해보면 비판적 사고라는 것도 풍부한 독서 경험이 바탕이 돼야 가능하다. 백지 상태의 두뇌에서 고차원적 사고를 하기는 어렵다. 그런 만큼 다양한 분야의 독서를 통해 사물과 현상을 바라보는 관점을 배울 필요가 있다.

독서를 통해 사고하는 힘을 키우면 후일 뜻하지 않은 효과를 보는 덤도 얻을 수 있다. 창조성이란 버섯과 같다. 버섯이 피어나기 위해서는 나무 등걸에 가득 퍼진 균사체가 있어야 한다. 그 균사체는 조건이 좋으면 마냥 퍼지다가 어느 상황에서 조건이 달라지면 버섯을 피워낸다. 축적된 독서 경험은 버섯을 만들어내는 균사체와 비슷한 역할을 한다.

다양한 분야에 걸쳐 이뤄진 독서 경험이 있어야 제대로 된 사고의 '버섯'이 만들어지는 것이다. '잡종강세雜種強勢, heterosis'라는 유전학 법칙처럼 여러 분야에 걸친 독서 체험은 어떤 특정 계기를 만나 자기들끼리 격렬한 화학 반응을 일으키면서 뜻하지도 않은 독창적 사고를 잉태한다. 독서가 창조성의 씨앗이 돼준다는 뜻이다.

지금 우리가 사는 시대는 답이 있는 시대가 아니다. 정형화된 패러다임에서 성장을 구하는 시대는 과거의 유산이 돼버렸다. 그래서 우리는 항상 배우려는 자세를 가져야 한다. 명백한 답이 없으므로 나름의 정답을 찾기 위해 스스로 동기를 부여하고 스스로 장려하면서 스스로 배움을 계속할 수 있어야 한다. 독서는 배움의 가장 강력한 매개가 돼줄 것이다.


## 컬러배스를 통한 집중


지식은 성공의 원천이 돼준다. 평소 어떤 분야나 테마를 정해 필요한 정보를 수집하고 지식으로 내면화하는 노력을 습관처럼 만들 필요가 있다. 나는 개인적으로 어떤 지향점이 뚜렷한 지식 쌓기와 그냥 편안한 마음에서 폭넓게 지식을 추구하는 것이 두루 중요하다고 생각한다. 너무 업적 지향적인 지식 습득은 때로는 사람을 질리게 하고 지치게 한다.

인생은 짧지만 길고 승부처는 한 곳이 아니라 요소요소에 자리한다. 한 번에 밀어붙이는 놀라운 집중력과 정력도 필요하지만, 꾸준한 열정이 바탕에 깔리지 않으면 모래성이 되기 쉽다. 그래서 단기적 목표의식과는 거리를 두고 순수한 호기심에 기반을 둔 지식을 추구할 필요가 있다. 일상적 호기심과 탐구열은 어찌 보면 자유로운 삶을 추구하는 사람의 내면과도 같다. 그 사람의 정신이라고 할 만큼 그에게 자연스럽게 배어 있는, 일종의 좋은 습관이라고나 할까. 습관은 제2의 천성이라고 했다. 그만큼 지식을 향한 열정은 굳이 의식하지 않더라도 몸에 익어야 한다. 그것이 다 인생의 자양분이 돼주기 때문이다.

그럼에도 우리는 특정 테마를 시간을 정해놓고 중점적으로 파고드는 연습을 해야 한다. 테마를 중심으로 자신에게 필요한 정보에 주파수를 맞추면 정보를 지식으로 만드는 과정을 앞당길 수 있고 정보를 취사선택하는 능력도 크게 향상할 수 있어 좋다. 목적의식이 성과를 만드는 것이다.

예컨대 특정 주제를 정해 책을 읽는 것은 생산적 독서가 될 가능성이 크다. 생산적 독서는 책을 읽고 난 뒤 책의 핵심 개념이 파악되는 독서, 단순히 책장을 넘긴 형식적 독서가 아니라 책 일부라도 확실히 자기 것으로 만드는 임팩트가 분명한 독서, 그래서 독자의 생활에 큰 영향을 미치는 그런 독서를 뜻한다. 이렇게 하면 목표의식을 갖고 스스로 '체'를 가동해 쓸데없는 부분이나 내용을 걸러버리는 만큼 독서의 속도도 굉장히 빠를 수밖에 없다.

마음속에 어떤 것을 염두에 두고 사물을 대하면 마음속에 넣어둔 것을 기준으로 뇌의 흡수율이 엄청나게 빨라진다. 이게 바로 컬러배스<sub>color bath</sub> 효과다. 컬러배스 효과를 잘 활용하면, 페이지를 빨리빨리 넘기더라도 자신이 목적을 둔 부분에서 저절로 눈이 멈추게 된다. 그만큼 인간 잠재의식의 작용은 매우 크다.

예를 들어, 차를 처음 구매하면 갑자기 자기 자동차와 같은 차종이 눈에 띄게 많이 늘어난 것 같은 느낌을 받는다. 자기 차를 소유함으로써 똑같은 차종이 더 눈에 들어온다는 얘기다. 택시기사들은 대부분 아주 평범한 뇌를 갖고 있지만, 기억이나 공간 찾기와 관련된 뇌 부위인 해마가 일반인보다 상당히 커져 있다고 한다. 직업 특성상 길을 외우려는 동기가 유발된다. 이런 과정에서 택시기사들의 뇌가 더 나은 뇌가 된다는 뜻이다. 우리도 마음만 먹으면 그렇게 발전할 수 있음을 뜻하는 것이다. 많은 사람이 뇌를 신비하고 추상적인 구조로 생각하면서 마치 일체의 접근을 막기 위해 굳게 문을 잠그고 그 너머에서 자동조정 장치로 운영하는 관제시설처럼 여긴다. 하지만 컬러배스는 뇌가 특정 목표 아래에서 더욱 개발될 수 있음을 말해준다.

이것은 마치 우리가 개별적으로 가진 어떤 관점이나 가치관이라는 프리즘을 통해 세상을 보는 것과 유사하다. '+'라는 기호를 볼 경우, 아마도 수학자는 덧셈, 목사는 십자가, 교통경찰관은 사거리, 산

부인과 의사는 배꼽, 간호사는 적십자, 약사는 녹십자를 연상할 가능성이 크다. 만약 당신 직업이 지금과 달랐다면 당신이 세상을 보는 눈도 달라져 있을 것이다. 굳이 직업을 바꾸지 않아도 무의식에 찬물을 끼얹는 목표의식, 호기심 등을 자극할 수 있다면 당신의 관점, 당신의 발상력은 훨씬 더 풍요롭고 창조적인 방향으로 전진할 수 있다. 그렇게 되면 성공을 위한 직행 티켓을 얻은 것이나 마찬가지다.

만약 우리가 인식의 지평을 넓히려는 노력을 기울이지 않으면 아주 제한되고 협소한 잣대로 세상을 이해하게 될 수밖에 없다. 우리가 의식적으로 무언가에 집중하지 않으면 우리 눈앞에서 '나를 선택해 달라'고 손짓하는 일종의 광고판 같은 것들이 어지러이 왔다갔다하는 것을 감수해야만 하기 때문이다. 마치 우리가 진정으로 갈구하는 꿈을 갖지 않으면 누군가에 의해 주입된 꿈을 갖게 될 가능성이 큰 것과 본질에서 다르지 않다. 인생이든 쇼핑이든 스스로 선택하지 않으면 결국 자신에게 자주 노출돼 머릿속에 자연스레 박힌 가치관이나 제품을 의심 없이 붙잡게 되는 것이다.


## 지식과 창조적 아이디어


『아이디어 창조기술發想フレームワーク55』이라는 책을 쓴 나가타 도요시永田豊志는 아이디어에 대해 일반인이 가진 편견을 깰 것을 주문한다.[20] 아이디어라고 하면 마치 발견이나 발명같이 창조적 일을 하는 사람들의 키워드처럼 생각된다. 하지만 사실은 그렇지 않다는 것이다. 아이

디어는 사슬처럼 무수히 연결돼 이미 눈앞에 존재하는 문제를 해결하기 위한 선택지라는 것이다.

냉정히 보면 아이디어는 기존에 있던 요소의 조합일 뿐이다. 선택지인 만큼 어떤 아이디어를 선택하느냐 하는 것은 어디까지나 사람에게 달려 있다. 어떤 아이디어든 정답이라는 것은 없고 항상 지금보다 더 나은 아이디어가 어딘가에 존재할 것이라는 마음가짐으로 이를 갈구해야 한다. 그런 맥락에서 아이디어맨은 선택지를 많이 가진 사람, 기존의 선택지에 만족하지 않는 사람을 뜻한다고 볼 수 있다. 선택지가 많아야 질 높은 선택을 할 가능성이 높아지는 것이다. 앞으로 올 시대를 살아가는 데 중요한 것은 사고 아이템이 바로 발상력으로 이어지는 것이다. 이런 발상력을 키우려면 일단 지식의 저변을 넓혀야 한다.

프란스 요한슨Frans Johansson은 『메디치 효과The Medici Effect』라는 저서를 통해 서로 다른 분야가 접목돼 새로운 아이디어가 창출되는 연결고리를 '교차점'이라고 했다.[21] 예컨대 지각변동을 일으킬 만큼 놀라운 아이디어를 내뿜는 것이 교차점이라는 것이다. 사회의 여러 분야에서 통합의 추세가 가속화되면서, 통합의 가치를 구현하는 사람이 남들과는 달리 차별화된 가치를 제공할 가능성이 커진다. 실제로 금융 전략의 발전을 설명하는 모델을 살펴보면 먹이 체계, 경쟁 체계, 공생 체계라는 생물학적 접근이 필요함을 보여준다. 과학자들의 논문도 공저의 형태를 취함으로써 칸막이가 쳐진 개별 학문의 시대가 저물고 있음을 보여준다.

요한슨은 메디치 효과를 극대화하기 위해 몇 가지 방법을 제안한다. 업무에서 부딪치는 난관을 돌파하기 원하는 사람이라면 귀담아 들을 조언이라고 생각한다.

첫째, 서로 다른 분야 간의 장벽을 허물어야 한다. 다양한 문화를 접하고 배우며 기존의 학설을 뒤집는 역발상을 시도해봐야 한다는 것이다. 여기에는 전자공학 전공자가 법학을 배운다든지, 심리학 전공자가 범죄학을 배운다든지 하는 업무의 다각화와 학습의 다원화가 포함된다.

둘째, 불편한 환경을 일부러 조성할 필요가 있다. 익숙하지 않은 환경과 분위기에 일부러 뛰어듦으로써 뜻밖의 통찰을 얻을 수 있기 때문이다. 이전과는 다른 환경에 속하면 감성이 자극되고 매너리즘에서 깬 눈으로 일상을 다시 바라보게 된다. 그런 신선한 자극이 있어야 창의성도 배가된다. 앞에서 말한 컬러배스도 의도적 노력을 기울여 이전에 느껴보지 못한 자극으로 집중적 세례를 받으라는 의미다. 신선한 관점의 수혈이라는 점에서 일맥상통한다.

셋째, 많은 아이디어를 내놓기 위해 노력해야 한다.

넷째, 끝까지 동기 부여를 유지하도록 애써야 한다. 자기 일과 진정한 목표에 관심을 잃어버리지 않도록 자신의 열정에 꾸준히 물을 주는 노력이 필요하다. 높은 성취 동기를 갖고 매진하되 남들의 평가에 일희일비해서는 안 된다. 자신에 대한 믿음보다 타인의 평가에 더 민감하게 되면 결국 타인의 평가가 자신의 열정을 압살해버리기 쉽다. 그렇게 되면 애써 탐구하고 모색한 끝에 스스로 설정한 자신의 목표가 방향 감각을 잃어버리고 낙동강 오리알 신세가 될 개연성이 커진다.

단지 클릭만 하면 정보를 얻을 수 있는 시대에 살고 있다. 하지만 그래도 우리는 창의성을 성장시키고 싶다면 기억력, 집중력, 인지 기술을 끊임없이 훈련해야 한다. 그리고 생각할 시간을 만들고 생각하기를 포기하지 말아야 한다.

## 3. 몰입해야 성장할 수 있다

### 동기 부여는 성장을 위한 불쏘시개

중남미의 작은 나라 니카라과를 알 것이다. 이 나라는 6개월 간격으로 우기와 건기가 반복되는 열대 우림의 나라다. 이런 기후 탓에 먹을거리를 비롯해 천연자원이 풍부한 것으로 잘 알려졌다. 농산물이 풍부하게 생산되고 태평양과 대서양을 양쪽에 두고 있어 수산물도 넉넉하다. 면적은 한반도의 60퍼센트 정도에 불과해도 인구가 500여만 명밖에 안 돼 인구밀도가 높지 않다. 그만큼 쾌적한 생활이 가능하고 수많은 호수 덕분에 자연경관도 수려하다. 이 나라가 매우 잘살고 살기 좋은 나라인 듯 여겨진다.

그러나 실상은 전혀 그렇지 않다. 수출 품목은 커피와 설탕인데 벌이가 신통치 않다. 이뿐만 아니라 잦은 자연재해, 계속된 내전, 늘 시끄럽고 불안한 정국 등으로 국민의 살림살이는 남미 최빈국 중 하나에 속한다. 국민은 주린 배를 움켜쥔 채 일상화된 시위에 동원되고 있다. 우리가 보기에는 정말 희망이 없는 나라에 가깝다.

그런데 아이러니한 것은, 니카라과 국민이 느끼는 행복지수가 세계 10위권 안에 든다는 점이다. 이런 결과가 나온 것을 어떻게 봐야 할까. 그들의 삶에 내재한 숱한 모순 속에서도 스스로 자족하는 여유를 보여주는 것이라고 설명할 수도 있겠다. 그러나 이런 설명은 설득력이 떨어진다. 그보다는 그들의 삶에 절망과 불행이 계속되다 보니 스스로 체념하게 된 결과가 아닐까 하는 생각이 든다. 현실을 바꿔보겠다는 의지를 접고 그냥 시간 흘러가는 대로 사는 방식이랄까. 흔히 선인先人들이 그토록 강조하는 안분지족安分知足, 호연지기浩然之氣와는 아무 연관이 없는 자포자기 심리에 가깝다. 그저 모든 것이 운명이 돼버린 것이다. 이런 상태에서는 어떤 의미 있는 변화를 기대하기 어렵다. 희망이 없기 때문이다. 자신이 미약한 존재라는 자괴감에 빠져 있는 한 그 사람은 불편한 현실을 아무렇지도 않게 인정하고 순응한다. 탄소 덩어리가 다이아몬드로 거듭날 수 없는 것처럼 일상을 바꿔보겠다는 의지와 이에 따른 전략과 실천이 없으면 아무것도 할 수 없다.

니카라과는 먼 데 있는 나라이니 우리와 아무런 상관이 없을까? 그렇지 않다. 니카라과 국민과 닮은 직장인이 우리 주변에 너무 많기 때문이다. 그들은 동기 부여가 안 돼 그저 밋밋한 일상을 이어간다. 분위기가 좀비와 비슷하다. 이는 조직의 문제이기도 하고 조직을 이끄는 리더의 문제이다. 하지만 근원적으로는 바로 삶을 무책임하게 내버려두는 자기 자신에게 가장 큰 책임이 있다. 스스로 동기 부여가 되지 않으면 바로 코앞에 금광맥이 있어도 몸을 움직이지 않는다. 물론 자기 일에 애착이 없으므로 현재 자신의 상태가 어떤 위치에 놓여 있는지 냉철하게 가늠할 능력도 없다.

그럼 동기 부여는 어떻게 할 수 있는가. 직장에서 승부는 결국 일에 대한 몰입도에서 판가름난다. 몰입해야 부초처럼 환경에 떠밀리지 않고 스스로 삶의 주인이 돼 자유롭고 주체적인 삶을 살 수 있다. 새로운 세상으로 통하는 버뮤다 삼각지처럼 비밀스러운 통로가 바로 일에 대한 몰입이다. 몰입은 당신이 남에게 휘둘리는 인생을 사는 것이 아니라 당신 자신이 선택권을 가지는 그런 멋진 인생을 살도록 도와준다. 왜냐하면 일에 몰입할수록 직장에서 능력을 인정받을 수밖에 없고 그만큼 조직 내에서 발언권이 커진다. 거기에다가 자아 계발에 힘쓰기까지 한다면 더욱 확장된 경력을 쌓을 수 있기 때문이다. 당연히 경제적 형편도 나아지고 노후 준비도 문제없이 할 수 있다. 부차적으로 생기는 이득도 있다. 자기 일에 몰입하면 맑은 기가 올라와 정신을 맑게 해줘 건강에도 좋다. 일에 몰입하는 것이야말로 우리를 엉겅퀴 같은 일상으로부터 탈출시켜주는 묘약인 셈이다.


## 일을 대하는 태도


우리는 직장 생활에서 몰입의 경험을 통해 한 단계 도약할 수 있다. 업무에서 최선의 결과를 내고 남다른 경력을 쌓기 위해서는 좌고

우면左顧右眄하는 곁눈질이 아니라 전력투구가 필요하다. 이때 가장 중요한 것은 경쟁 상대들을 경쟁 자체에 몰두해 이기려는 것이 아니라 일 자체에서 만족감을 얻는 것이다.

이렇게 말하면 현실에서 구현하기 어려운 이상론과 같은 얘기라며 비판하는 사람이 많다. 또 자신의 성공을 위해 아무리 노력해봐야 착취를 초래하는 문제투성이 구조를 무너뜨리지 않고서는 해결될 것이 없다고 부르짖는 이들도 수두룩하다. 특히 노조의 관점으로는 일에서 만족을 구한다는 발상 자체가 위험하다고 본다. 이런 관점 속에는 일에 몰입하고 전력투구하면 열심히 일하면서도 노동의 대가를 요구하지 않는 '이상한' 직원이 출현할 소지가 크다는 우려가 자리한다.

물론 내가 위에서 한 얘기는 노조의 걱정과는 무관하다. 자기 일에서 순수한 기쁨을 누리는 사람들이 있다는 것과 그들의 존재가 노동을 되도록 착취해 이윤을 불리려는 사악한 기업주에게 이득이 될 것이라는 논리는 전혀 차원이 다른 얘기다. 나는 개인적 차원의 일 철학에 대해 말하고 있을 뿐이다. 일에 대해 대가를 제대로 지급하지 않으려는 행위는 당연히 바로잡아야 한다.

잘 표현하지 않아서 그렇지 일을 통해 기쁨을 느끼며 실제로 자아실현을 하는 이들은 주위에 많다. 오로지 돈을 많이 벌어야 자아를 제대로 세운 것이라는 생각은 배금주의적으로 편협한 잣대를 대는 것이다. 이것은 사실 큰 문제다.

사람들이 일을 되도록 외면하려는 이유는 일에서 스트레스를 받기 때문이다. 만약 스트레스 수준을 측정할 수 있다면 적정한 스트레스는 바람직하기까지 하다. 스트레스가 우리를 폭발시키지만 않는다면 기분 좋은 긴장감이 우리를 더욱 적극적이고 생산적으로 유인할 것이기 때문이다.

하지만 중용은 항상 어려운 일이다. 일에서 초래되는 스트레스는 과도하기에 십상이다. 그런데 업무 스트레스라는 것을 곰곰이 생각해보면 대개는 자기 일에 대해 너무 많은 생각을 할 때 발생하는 경우가 많다. 너무 진지한 태도 때문에 행동으로 나아가지 못하곤 한다. 어떤 일에 부딪쳐보기 전에 사태의 향방에 대해 이런저런 구상을 지나치게 하는 경우 스트레스가 발생하는 것이다. 일에 앞서서 구상을 하는 것은 좋지만 그게 지나치면 생각 과잉으로 이어진다. 결국 일에 파묻혀 옴짝달싹 못하게 되기도 한다. 순도 100퍼센트의 진지함이 당신을 사로잡아 세계를 향해 어떤 유희적 접근도 하지 못한다면 그것은 위험하기 짝이 없다. 그렇게 되면 세계는 두말할 것도 없이 아주 작은 하나의 현실로 쪼그라든다.

앞에서 언급한 적 있는『프로테스탄트 윤리와 자본주의 정신』이라는 책에서 막스 베버는 처음에는 즐기면서 하던 일이 점점 족쇄가 되는 맥락을 시적으로 잘 짚었다.

"자본주의는 몇 명의 수도승 어깨 위에 앉은 가벼운 코트처럼 시작되었고, 이제는 우리가 빠져나갈 수 없는 철제 우리가 되었다."[22]

그는 즐거운 마음으로 놀이처럼 대해왔던 일을 수도승의 어깨 위에 앉은 가벼운 코트라는 표현에, 그리고 일에 저당 잡힌 현실을 철제 우리라는 표현에 응축해 담았다.

『몰입의 경영 Good Business』이라는 저서로 유명한 미하이 칙센트미하이<sub>Mihaly Csikszentmihalyi</sub> 교수 같은 전문가는 일이 고통스러운 현실이 되지 않으려면 일을 놀이와 같은 기분으로 대할 수 있어야 한다고 말한다. 더 나아가 일과 놀이가 구별되지 않은 삶이 가능하다고까지 말한다. 여기에서 유념해야 할 것은 어떤 사람이 하나의 행위에 대해 "그것이 놀이다"라고 말한다고 해서 그 행위를 진지하게 받아들일 필요가 없음을 뜻하는 것은 아니라는 점이다. 칙센트미하이 교수는 '일을 놀이'라고 정의할 때 그 일이 의미하는 바는 사람들이 업무를 수행할 때 독창적이고 창조적으로 활동하는 것을 뜻한다고 지적한다. 그는 일을 놀이로 여기지 않고 통상적 의미에서 피하고 싶고 성가신 무언가로 간주한다면, 그 일을 수행하는 방식은 변화를 기대할 수 없도록 매우 경직된 패턴을 따를 수밖에 없다고 말한다. 그래서 칙센트미하이 교수는 일과 놀이 사이의 변증법을 이해하고 이를 생생하게 유지하는 것이 매우 중요하다고 강조한다.[23]

사실 이런 얘기를 들으면 고개가 끄덕여지다가도 현실에서 이런 얘기가 얼마나 가능할까 하는 의문이 든다. 머리로는 이해할 수 있지만, 가슴으로는 와 닿지 않는다는 말이다. 그래서 나는 언젠가 미래에셋생명 최현만 대표에게 다음과 같이 질문을 던진 적이 있다.

"대표님께서는 일하는 것이 즐거우세요? 일이 놀이처럼 여겨질 정도로 재미가 날 때도 있으세요?"

그는 "책에서나 가능한 말을 하시네요"라며 너털웃음을 터트렸다. 통상적 잣대로 대단한 워커홀릭이었던 그에게조차 일은 대단한 인내가 필요한 '과업'이었다. 즐겁게 일하기에는 책임감이 앞서 부담이 클 수밖에 없고, 굳이 책임감이 아니더라도 성취도가 높은 업무를 마무리하는 데는 응당 극도의 스트레스가 따라온다고 했다. 그래서 다시 물었다.

"대표님께서 주임, 대리, 과장이었을 때 일을 더 많이 한다고 회사가 당신에게 특별히 더 많은 돈을 주지는 않았겠죠? 그런데 어떻게 그렇게 열심히 미친 듯 일할 수 있었나요?"

그러자 그는 자신이 열심히 일한 결과로 조직이 변하고 있다는 것을 체감했을 때 묘한 희열을 느꼈다고 했다. 조직에 자신의 힘이 반영되고 있음을 확인하는 것 자체가 큰 동기 부여가 됐다는 얘기다. 조직이 나 때문에 바뀐다는 것은 결국 조직이 나에게 더 많은 권한을 주는 계기가 된다. 최현만 대표는 더 많은 권한을 갖게 되면서 조직을 원하는 방향으로 컨트롤하는 재미에 더욱더 빠져들었다고 했다. 그래서 남들에게 자신이 가진 권한을 일부 이양해줌으로써 그들도 일하는 재미를 느끼게 도와줬다고 했다. 현실에서 벌어지는 비루한 에피소드도 그를 자극했다고 한다.

"제가 지방대(전남대학교 정치외교학과)를 나왔는데요. 첫 직장인 동원증권에서 일할 때 세칭 일류대라는 서울대, 고려대를 나온 동기들과 같은 부서에 배치됐죠. 그런데 처음에 상사들이 제게 일을 안 시키는 거에요. 알고 보니 제 학력을 탐탁지 않게 여긴 윗분들이 일을 죄다 제 동기들에게 몰아준 걸 알았어요. 속상하고 화가 났죠. 그리고 다짐했습니다. 당신들의 판단이 틀렸다는 것을 보여주겠다고. 그 이후로는 정말 열심히 일했어요. 회사에 소문이 날 만큼요. 그런 노력과 태도 덕분에 당시 저보다 조금 선배였던 현재의 박현주 회장과도 끈이 닿았습니다. 그때부터 박현주 회장은 저를 유심히 봤고, 나중에 의기투합할 수 있었죠."

이처럼 일에는 남다른 사명감, 책임의식, 물욕, 지배 욕구, 현실 감각, 그리고 자존심 등이 얼기설기 뒤엉켜 있다. 일을 열심히 하는 데는 너무나 다양한 원인과 사연이 작동하고 있다는 뜻이다. 일을 놀이처럼 여길 수 있는지에 대해 똑 부러진 대답을 들을 수는 없었지만, 일을 대한 태도만큼은 분명히 알 수 있었다. 성공한 사람들은 스스로 자부심을 느낄 정도로 일에 열정을 기울였으며, 일을 수행해나가면서 인생을 살아가는 데 반드시 필요한 인간적 자질을 함양해나간 것이다.

## 직업 외에 다른 몰입 대상도 있어야 한다

그런데 우리가 염두에 둬야 할 점은 우리 삶이 그리 단순하지 않다는 것이다. 특정 단계에 몰입이 필요하다고 해서 단 하나의 대상에 모든 것을 던지는 순간 당신이 그렇게 집중하던 그 대상은 감옥이 돼버린다. 몰입이 필요하지만, 그 몰입이 구속의 대상이 돼서는 안 된다. 업무 외적으로도 몰입의 대상이 있어야 정신의 균형을 맞출 확률이 커진다. 어떤 사람이 오직 한 가지 생각에만 빠져 더 이상의 여유를 갖지 못한다면 그 자신에게 손실이 너무 크다. 그런 사람은 세상과 다양하게 어울리지 못하고 폐쇄적 삶에 사로잡힐 가능성이 크다. 어떤 것에 폭 빠져 일상을 새롭게 구성하되, 그렇게 재구성한 일상이 자신의 감옥이 되지 않도록 이를 재편할 수 있어야 한다.

칙센트미하이 박사도 황홀한 삶을 꾸린다는 것은 무언가 특별한 것을 체험하는 것이 아니라 개인의 삶을 간소하게 구성하는 것, 다시 말해 무엇에 주의를 기울이고 제 행위에서 어디에 집중하고 싶은가를 끊임없이 결정하는 것이라고 했다.[24]

우리는 무언가 새로운 것을 줄기차게 시도함으로써 우리의 삶이 흥미롭고 도전적인 방향으로 변할 것이라고 여기지만, 단순히 '신선한' 경험이 우리 삶에 활력소가 돼주길 기대하는 것은 어리석은 일이다. 그보다는 자신의 호기심이 유독 더 민감하게 반응하는 특정 지점을 놓치지 말고 거기에 자신의 열정을 쏟아부음으로써 남다른 성취를 일궈낼 수 있다. 예를 들어 비범한 작가이면서 요리사가 될 수도 있고, 건축가이면서 모터사이클에도 마니아 취향을 갖고 고고학에까지 관심을 둘 수도 있다. 일에 모든 것을 거는 인생은 은퇴 이후에 여유가 가득하게 보낼 수 있는 삶을 무가치한 삶으로 만들기 쉬워 위험하다. 또 새로운 인생을 개척하는 데도 융통성이 부족해 지진아에 가까운 무능함을 보일 가능성이 높다.

남들이 보기에 쓸데없어 보이는 일들도 주관적 층위에서 보면 다른 의미가 있을 수 있다. 쓸데없는 일이라는 꼬리표는 다분히 특정 관점에 따른 평가일 뿐이며, 다른 관점을 잣대로 들이대면 쓸모 있는 일이 될 수 있다는 얘기다. 실제로 우리는 틀에 박힌 일상의 현실을 몰입의 경험을 통해 전혀 다른 차원으로 변화시키는 경험을 할 수 있다. 예를 들어 독서에 몰입하면서 이를 바탕으로 직접 쓴 책이 나왔다고 하면, 그 사람에게는 작가의 자의식이 싹트고 평범한 일상은 책의 소재거리를 뽑아내기 위한 무대로 변하기도 한다.

이것은 몰입의 결과가 꼭 성과물로 나타나야 한다는 의미는 아니다. 내가 아는 한 자산운용사 CEO는 바쁜 일정을 쪼개 운동을 한다. 이를 위해 그는 서울 시내 네 곳의 헬스클럽에 회원으로 등록했다. 워낙 공사다망한 탓에 자주 이동하는 지역 부근에 헬스클럽을 잡아 적어도 하루 한 시간은 땀을 흘린다. 보통 아침 일찍 다섯 시 정도에 일어나 바로 헬스클럽에 들러 여섯 시 삼십 분 이전에 운동을 마치는 편이다. 조찬 약속이 있는 날이면 저녁에 운동한다. 그로서는 땀 흘리는 몰입의 시간을 통해 정신 노동의 피로감을 날리고 다시 일상을 새롭게 뛸 원기를 회복한다. 별것 없어 보이는 러닝이 그에게는 피곤으로 축 늘어진 일상을 다시 팽팽하게 쫙 펴주는 수단이 되는 것이다.

조금은 비전문가적 애호가나 아마추어로 남게 하는 무엇인가를 하는 것은 풍요로운 인생을 가꾸는 데 있어서 중요할 수 있다. 우리에게는 학문이나 예술을 전문적으로 하지 않고 단지 취미 삼아 하는 사람들을 얕잡아보는 경향이 있다. 한 가지 일에만 헌신하면서 다음과 같이 자랑스럽게 말하는 사람은 숨어 있는 다른 기회를 놓치기 쉽다.

"나는 위대한 연구가이고 내 삶이 끝날 때까지 연구 이외에는 아무것도 하지 않겠어."

나는 우리가 추구하는 모든 것에 어느 정도 거리를 두는 것이 좋다고 생각한다. 마치 배우가 자신의 배역에 거리를 두는 것과 비슷하게 매우 유용할 수 있다.

# 4. 성과는 더뎌도 폭발할 때가 온다

## 함부로 예단하지 마라

회사 생활을 하다 보면 후배 처지에서 선배들의 지시가 참 터무니없다는 생각이 들 때가 많다. 업무에서 굳이 이렇게까지 해야 하나 싶을 때도 종종 있고 간혹 업무에 사사로운 감정이 개입되는 일도 있다.

그러나 자신이 업무적으로 유능해지기 위해 일을 배워야 하는 시기, 조직에서 더욱 성장하거나 스스로 독립할 실력을 키워야 하는 시기에는 불평보다 일에서 승부를 본다는 다부진 각오로 임해야 한다. 특히 일 근육을 집중적으로 키우려면 업무적으로 뛰어난 선배의 지시를 묵묵히 따르고 노력하는 자세가 필요하다. 이는 단순히 위로부터 내려온 지시를 수행하는 데 한정되는 것이 아니다. 해당 분야에 대해 밑바닥을 훑듯 속속들이 파악하려면 여기에 자신만의 특별한 노력과 노하우를 더 얹어야 한다. 관련 분야의 책을 찾아 집중적으로 읽고 최신 트렌드를 조사하는 등의 일 말이다. 그러나 이렇게 하는 것은 말하기는 쉬워도 실천하기는 어려운 일들이다. 하지만 이 일을 성실히 해낼 수 있으면 후일의 성장과 발전으로 향하는 고속도로를 닦는 것과 같다.

아무 쓸모 없어 보이고 의미 없는 노력 같고 절대로 도움이 될 것 같지 않아 보이는 일처럼 느껴지는 것이 내 앞에 놓여 있더라도, 그것이 언젠가 나를 도와줄 일이라고 믿고 그것을 열심히 하는 우직함이 우리에게는 필요하다. 인생을 길게 볼 때 과거의 경험이 후일 전혀 쓸모 없는 것으로 판가름나는 경우는 거의 없다고 해도 과언이 아니다. 그래서 매사 최선을 다하는 것이 중요하다.

나는 신문기자로서 그런 것을 느낄 때가 적지 않다. 기자 일은 사람 만나는 일이 많은 부분을 차지한다. 이 사람들이 바로 취재원인데, 기자들은 취재원을 통해 기삿거리를 얻게 된다. 그래서 기자 처지에서는 취재원의 풀pool을 되도록 넓혀놓는 것이 좋다. 그러나 취재원이 아무리 중요하더라도 시간에 쫓기고 소모적 일상에 지친 기자들은 사람을 가려서 만나려는 경향이 있다. 나름대로 가치가 없는 사람은 없겠지만, 그래도 뉴스 생산자의 관점에 따라 경중은 있는 법이기 때문이다. 사실 그런 경향은 유익한 측면도 많다. 너무 많은 사람을 만나봐야 시간 대비 유용성이 떨어지기 때문이다.

그런데 참 묘한 것은 만나기 전에 기대가 크면 실제로는 별로인데, 그냥 시간을 메우는 기분으로 나갔는데 엄청난 기삿거리를 물고 오게 되는 경우가 있다는 것이다. 인생 선배나 후배한테 제대로 한번 배웠다고 느끼게 되는 경우도 적지 않다. 이런 경험을 하고 나면, 내 이해타산 섞인 잔머리에 겸연쩍기도 하다.

정말로 우리 인생에 이런 일은 많다. 해보기도 전에 지레 겁부터 먹고 시도할까 말까 망설이다가 겨우 용기를 내 해보니 생각 밖으로 일이 잘 풀리기도 하고, 어떤 때는 떼놓은 당상이라고 기대만 부풀어 방심하다가 다 잡은 대어를 놓치는 일도 부지기수다. 어떤 일이 벌어지기 전과 후가 확연히 다른 경우가 적지 않은 것이다. 그래서 예단보다는 자신의 처지에서 할 수 있는 한 해보려는 태도가 중요하다. 그런 자세가 습관처럼 배어 있어야 자기 경력을 위한 초석을 탄탄히 쌓을 수 있다. 또 이를 발판삼아 도약할 수 있다.

예단의 문제점은 당사자로 하여금 어떤 사안에 대해 철저히 준비하면서 제대로 몰입하지 못하게 한다는 점이다. 타성에 젖을수록 기존 조직이나 현 체제의 관점에 묻혀버리는 경우가 많다. 그 결과 새로운 현상이나 시도 같은 것들에 대해 귀찮아하고 이런 것들을 의도적이거나 자신도 모르게 별것 아니라면서 깎아내리게 된다. 여기에는 자기가 그 분야에 대해 이미 다 알고 있어서 새롭게 들여다볼 것이 없다는 자만심이나 방심이 녹아 있다. 그렇게 되면 내가 우습게 봤던 사람에게 된통 당하거나 수십 년째 같은 강의 노트를 들고 기계처럼 수업하는 무능력한 대학교수 꼴이 돼버릴 확률이 높다. 예단보다는 실제로 부딪치며 거기에서 터득한 경험을 자기화함으로써 인식의 지평을 점점 넓혀나가는 지혜를 갖춰야 한다.

# 지금 힘들다면 잘하고 있는 것이다

업무 능력은 노력에 비례해서 성장한다. 그러나 이제 막 일을 시작하는 단계에서는 능력과 성과가 반드시 비례 관계에 있다고 보기도 어렵다. 신입이라고 해도 사람마다 독특한 기질이나 성향, 입사 당시의 마음가짐, 업무 능력 등에 조금씩 차이가 있기 때문이다. 그래서 일부 성급한 사람들은 짧게는 1년에서 길게는 3~4년씩이나 노력을 기울였는데도 별다른 차이를 못 느끼겠다며 노력하기를 그만둬버린다. 그러고는 업무 능력이란 타고나는 것이고 애착에 비례해 성장하는 것으로 보기 어렵다는 식으로 단정한다. 하지만 그런 사람들치고 제대로 된 노력을 한 이는 드물다.

뭔가 유용한 것, 좋은 것은 항상 힘든 고통과 노력을 수반하기 마련이다. 인간은 노력하는 한 항상 방황한다는 말도 있지 않은가. 성취는 언제나 그만한 대가를 요구한다. 그런데 우리는 이를 너무 쉽게 망각한다. 남들이 휴식을 취할 때 미진한 부분을 채우기 위해 칼날을 예리하게 벼리는 일은 엄청난 자기 관리를 필요로 하는 일이다. 밤늦게까지 이어지기 일쑤인 저녁 술자리를 원천적으로 재조정해야 한다. 주말도 남다른 목적의식으로 분초를 활용해야 한다. 알짜배기 실력가가 되는 데 1만 시간이 필요하다는 '1만 시간의 법칙'이 달리 나온 것이 아니다. 하루 세 시간씩 꼬박 10년을 쏟아야 메워지는 것이 1만 시간이다. 시간을 쪼개 철저하게 관리하려고 의식적으로 노력하지 않으면 시간은 속절없이 흘러간다. 그래서 뭐든지 일찍 시작하는 것이 좋다고 말하는 것이다. 30대인 사람은 그제야 20대가 얼마나 귀중한 시간이었는지를 절감하지만, 40대가 되면 30대도 늦지 않을 뿐만 아니라 그 시간도 무엇인가를 하기에는 꽤 괜찮은 시간임을 느낀다. 늦었다고 생각하기보다는 그런 후회가 들 때라도 시작하는 것이 낫다는 얘기다. 자신이 살아가는 현재와 지나간 과거 사이의 아쉬움을 줄이려면 주어진 현재를 낭비 없이 제대로 쓰겠다는 각오가 무뎌지지 않도록 매사에 긴장감을 가져야 한다.

노력에 비례해 가시적 성과가 당장 나오지는 않더라도 매일같이 노력한다면 결국에는 압도적이고 월등한 능력을 겸비한 소위 '잘나가는' 사람이 돼 있을 것이다. 부富도 그렇고 업무 역량도 그렇다. 물이 서서히 데워지다 보면 임계점을 넘게 되고 결국에는 펄펄 끓게 되는 이치와 같다. 너무 멀리 보면 어렵게 마련이다. 일단 단기간의 목표를 정하고 이를 완수해나가는 성공 경험을 쌓다 보면 장거리도 너끈히 완주할 힘과 근육을 갖추게 된다.


## 자신만의 원칙을 정립하라

열심히 노력한다는 것은 조직에서 자신만의 성城을 쌓아가고 있다는 것을 의미하기도 하다. 자신만의 영역을 공식적으로 인정받고 그 사람의 영향력이 조직에서 긍정적 효과를 내고 있다는 얘기와도 같다. 특히 굳건하게 자기만의 성을 쌓는 사람은 조직 내의 다른 동료와 맺는 복잡한 관계 속에서 자기 존재를 잃고 표류하는 일이 없다.

조직 생활에서 반드시 필요한 것 하나가 자신만의 기준을 정립하는 것이다. 여기에서 기준이라는 것은 지극히 개인적인 잣대이다. 하지만 전체 조직의 기준에서 봐도 하자 없이 수용될 수 있는 것을 말한다. 즉, 자신의 정체성을 만들고 자아를 실현하기 위한 최적의 가이드라인을 뜻한다.

직장 운용의 패러다임에서도 과거에는 조직이 개인에 앞섰다. 조직의 발전을 통해 개인의 성장을 꾀하는 것이 일반적이었다는 의미다. 그러나 이제는 선후 관계가 바뀌었다. 조직은 자각과 성장을 통해 스스로 발전을 도모하는 개인을 고용함으로써 성장하는 패러다임을 받아들이고 있다. 이런 시대에는 조직의 기준을 내면화해 절대시하는 구성원은 발전의 폭이 좁을 수밖에 없다. 자신만의 확고한 원칙을 가지고 조직과 피드백을 주고받으면서 소신껏 일하는 개인만이 조직에서 환대받는다. 남들의 평가에 연연하는 사람은 남보다 앞서 갈 수 없는 환경이 조성됐다는 뜻이다. 자신만의 기준과 소신에 따라 묵묵히 역량을 계발해야 한다.

자신만의 원칙과 기준이라는 것은 대단한 것을 의미하지 않는다. 자기 발전을 위해 나름대로 정해놓은 가이드라인도 그런 원칙과 기준일 수 있다. 나는 매년 한 권 이상의 책을 집필하고 매일 세 시간 이상 독서를 한다는 약속을 나 자신과 했다. 또 업무적으로는 내가 제대로 일하고 있는지 자문할 때 상사의 평가보다 나 자신의 만족도를 가장 중요한 잣대로 삼고 있다. 그래서 직속 상사가 나에게 과분한 칭찬을 해도 내가 스스로 만족하지 못하면 별 의미가 없다. 그런 평가를 듣고 기분이 일시 좋을 수는 있으나 내게 그것은 단지 모르핀 이상의 의미는 없다.

반대로 나는 내가 만족한다면 상사가 트집을 잡아도 개의치 않는다. 자주 있는 일은 아니지만, 어떤 업무에 대해 나와 직장 상사의 평가가 다를 수 있다. 이럴 때는 잠깐 당혹스러움을 느낀다. 나는 내 원칙과 기준에 허술한 부분이 있는지, 아니면 조직과 불화하는 요소가 있는지 곰곰이 검토해본다. 그런데도 문제점이 없다면 그냥 웃어넘기고 만다. 나 스스로 떳떳하고 자신감이 있다면 이견은 큰 무리 없이 내가 바라는 방향으로 절충되게 마련이다. 혹시 서로 오해가 있었다면 이 또한 자연스럽게 풀리게 마련이다. 우리가 직장 생활을 하면서 이런 경험을 얼마든지 할 수 있지 않은가.

회사 생활을 하다 보면 남들로부터 소외될까 두려워하고 있음을 느낄 때가 적지 않다. 이 때문에 별로 마음에도 없는 모임에 참석하거나 한다. 엄밀히 따져보면 남들로부터 소외되지 않기 위해 스스로 자기 가치와 존엄을 버리는 일이 한국의 직장 생활에는 비일비재하다. 안타까운 현실이다. 일종의 '추종비용'이 많은 셈이다. '남에게 어떻게 보이느냐'가 판단의 최우선이 되면 추종비용도 점점 많아질 수밖에 없다.

추종비용이 많다는 것을 달리 표현하면 경쟁에서 뒤지지 않기 위해 남들과 비슷한 스탠스stance를 유지한다는 의미도 된다. 스스로 자문해본 결과 자신의 추종비용이 많다고 생각되는 사람은 그런 행동이 진정 자신의 경쟁력과 연관되는 것인지 자문해봐야 한다. 자신의 내면에 파문이 퍼지고 갈등하면서까지 다른 사람들의 비위를 맞추는 것이 과연 바람직한지 성찰할 필요가 있다. 조직 생활에서 자기가 하고 싶은 것만 할 수는 없고 그래서도 안 된다. 그러나 조직에서 스스로 독립적 개인으로 성장하기를 원한다면 쓸데없는 핑계를 대지 말고 이에 대해 한 번쯤 진지하게 고민해볼 필요가 있다.


## 자신과 대면하기를 겁내지 마라

삶에서 피할 수 없는 것 세 가지가 있다. 죽음, 세금, 외로움이다. 외로움에는 두 가지가 있다고 한다. 하나는 '론리니스loneliness'다. 단순히 혼자 있는 쓸쓸한 고통을 뜻한다. 다른 하나는 '솔리튜드solitude'다. 혼자 있는 즐거움을 뜻한다.

격리된 부정적 혼자됨을 론리니스라 한다면 스스로 선택해 나다움을 찾는 것은 솔리듀드다. 자기 인생을 제대로 살아가려면 론리니스를 거쳐 솔리튜드에 도달해야 한다. 솔리튜드를 통해 자신과 대면하고 내면의 힘과 능력을 키워나가야 한다. 성공한 사람들은 자신과 마주 봄을 피하지 않은 사람들이다.

어떤 분야에서 능력을 키우는 것은 운동을 하는 것과 흡사하다. 유산소 운동을 하듯 꾸준한 근육 운동을 통해 근력을 키우고 기름기를 빼야 한다. 운동은 당장 효과가 나타나는 것이 아니므로 운동에 할애된 시간을 펑크 내기 시작하면 어느새 기름기가 옆구리에 자리를 잡기 시작한다. 결국 몸의 윤곽이 둥그스름하게 된다. 스스로 자기 몸에 긍정적 변화가 나타나고 있음을 감지할 수준이 되려면 식이요법과 함께 적어도 몇 개월은 꾸준히 운동해야 한다. 그렇게 하면 달릴 때마다 나도 모르게 입으로 격하게 새어 나오던 숨이 잦아들면서 콧구멍을 통해서만 호흡할 수 있게 된다. 상·하·좌·우로 제멋대로 덜렁거리던 뱃살도 등에 착 달라붙은 듯 미동도 하지 않는다. 이 정도가 되면 승리의 V자를 자랑스럽게 내보일 수 있다. 하지만 여기서 자만하면 다시 몸매가 흐트러진다. 만족감이 전신을 타고 흐를 때 다시 마음을 다잡지 않으면 안 된다. 그래야 멋진 몸매가 마치 타고난 축복인 듯 당신에게 자연스럽게 자리 잡을 것이다. 마치 존재감 있는 작가의 글에서 그만의 독특한 향기가 배어나오는 것처럼 말이다.

몸매를 만드는 것도 이런 고난의 행군이 요구된다. 하물며 예리한 정신을 토대로 하는 업무 능력을 배양하는 일이 쉬운 것은 아니다. 그렇다고 이것이 매우 힘들다고만 말하기도 어렵다. 나 자신의 경험도 그렇거니와 내가 아는 성공한 사람들의 경험담도 그랬다. 능력을 키우는 것이 자신과 하는 고독한 싸움이기는 하지만 재미도 있었기에 보람찼다고 그들은 말했다.

일에서 일종의 흥미나 열정을 못 느끼는 사람이 어떻게 일에 자기 자신을 내던질 수 있겠는가. 단순히 남을 앞서겠다는, 앙상하기 그지없는 목표는 장기적으로 관철해나가는 것이 사실상 불가능하다. 성공한 사람들은 자기 일에 보람을 느끼면서 그 일에서 자기 능력을 구현하기를 염원했다. 그랬기에 맹렬히 무서울 정도의 집중력으로 일에 빠졌다. 그것이 그들이 특별한 경지에 오를 수 있었던 비결이다.

그런 예는 너무나 많다. 미래에셋그룹의 박현주 회장은 1991년에 동원증권 중앙지점장이 됐다. 그때 나이가 고작 33세였다. 국내 최연소라는 타이틀이 붙었다. 그는 어떻게 그토록 어린 나이에 이처럼 놀라운 성취를 했을까. 단지 머리가 좋아서, 행운이 따라서, 아니면 상사에게 잘 보여서 그랬던 것일까. 다 부분적으로는 맞는 얘기일 수 있다. 하지만 그 어떤 것도 정곡을 찌르지는 못한다.

박현주 회장은 나이는 어렸을지 몰라도 투자 경력만큼은 절대로 어리지 않았다. 그가 주식 투자를 시작한 것은 대학교 2학년 때였다. 대학원 시절에는 사설 투자자문사까지 차렸다. 요즘에는 국내 자본 시장도 크게 성장해 어린 친구들이 일찍부터 투자에 나서는 경우가 간혹 있다. 하지만 1980년대에 이런 싹을 보인 사람은 거의 없었다. 그가 파격적으로 이력을 개척했음을 알 수 있다. 투자에 필요한 통찰력과 노하우를 일찍부터 개발했기에 그의 능력은 30대 초반부터 만개할 수 있었던 셈이다. 일찌감치 자기 재능을 발휘할 분야를 찾았다. 남다른 열정으로 일에 몰입한 결과 기회를 남들보다 빨리 잡을 수 있었던 것이다.

박현주 회장의 집요함은 이미 정평이 나 있다. 그와 골프를 쳐본 사람은 그의 머리가 온통 자본 시장에 관한 생각으로 가득 차 있다고 혀를 내두른다. 이미 모르는 사람이 없을 만큼 성공한 그이지만, 18홀을 도는 내내 자본 시장만을 대화 소재로 삼을 정도로 자본 시장에 푹 빠져 있다고 한다. 아직 풋내기에 불과한 대학 시절부터 자본 시장에 대해 가슴 깊은 곳에서부터 절절히 끓어오르던 열정을 지금껏 그대로 유지하고 있는 것이다. 남다른 내공의 폭과 깊이는 다름 아니라 이런 데서 연유한다.

## 집념 어린 훈련과 반복이 대가를 만든다

북송 시대의 진요자陳堯咨는 활쏘기로 유명했다. 아주 먼 거리에서도 동전 구멍을 맞힐 만큼 실력이 뛰어나 당대에는 겨룰 자가 없을 정도였다. 그러니 그의 자부심도 대단했다.

어느 날 진요자가 자기 집 뜰에서 활을 쏘고 있었다. 여느 때처럼 구름 관중이 몰려들어 탄성을 질렀다. 그런데 유독 한 기름장수만 심드렁한 표정으로 그 광경을 바라보고 있었다. 진요자가 의아해 하며 물었다.

"혹시 당신은 나보다 활을 잘 쏘는가. 어찌 내 활 솜씨에 일언반구가 없는가?"

그러자 노인이 대답했다.

"활쏘기가 특별한 것은 아니지요. 단지 손에 익었을 뿐 아닌가요?"

이에 대해 진요자가 화를 냈다. 그러자 노인은 땅바닥에 호리병을 놓은 뒤 병 입구에 구멍이 뚫린 동전을 올려놓았다. 그리고 기름을 호리병에 따르기 시작했다. 놀랍게도 기름을 다 따를 때까지 한 방울도 동전에 묻지 않았다. 그러면서 그 노인은 특별한 재주는 없고 그냥 손에 익었을 뿐이라고 말했다.

탁월함을 뜻하는 영어 단어 '엑설런트excellent'는 고대 그리스어인 '아레테arete'에서 나왔다고 한다. 당시 그리스인은 이런 탁월함을 인간이 가질 수 있는 최고의 가치로 여겼다. 하지만 아레테를 갖추는 방법은 간단했다. 반복적 훈련이 아레테에 이르는 유일한 길이기 때문이다. 진요자의 일화에서 노인이 "손에 익었을 뿐"이라고 표현한 것은 결국 끊임없이 반복하고 훈련하면 궁극의 아레테에 근접할 수 있음을 말한다. 창의성이 중요한 시대에도 끊임없는 훈련과 반복의 순기능은 여전하다.

정말 성공한 이들은 집념의 화신들이다. 탁월한 번역가로 유명한 고故 이윤기 씨는 제대로 된 번역가가 되기 위해 목숨을 걸었다. 서른 살에 신춘문예에 당선했다는 이력까지 집어던진 채 한우물을 팠다. 그가 번역가라는 한우물을 파기로 마음먹은 것은 물론 십 대 때 이미 경지에 오른 외국어 실력과 인문학적 소양이 배경이 됐다. 그는 죽기 전에 100권의 책을 쓰리라고 다짐했다. 본격적으로 글을 쓸 때까지 번역을 생업으로 삼겠다고 결심했다. 그는 사뭇 비장했다. 결혼식을 앞두고는 의사에게 가서 "하루 열다섯 시간씩 10년 동안 일하려고 하는데 몸이 견뎌내겠습니까?"라고 물을 정도였다고 한다.

그가 번역가로서 성가를 한껏 높인 작품은 1985년에 나온 움베르토 에코의 소설 『장미의 이름』이었다. 딱 보니 혼자서는 못 할 것 같았지만, 예술은 분업이 아니라는 생각에 히브리어, 희랍어, 라틴어까지 직접 붙들고 박살을 낸다는 각오로 매달렸다. 자신과 하는 싸움 끝에 결국 번역을 내놓았다. 정말 놀라운 것은 그가 1992년에 장미의 이름을 재번역했다는 점이다. 몇 개의 오류가 눈에 띄어 부끄러웠다는 것이 그 이유였다. 미국 연수 중 각국에서 온 학자들과 그 주제로 토론을 해나가면서 문장을 다듬었다고 한다. 대단한 집념이 아닐 수 없다. 성취가 그냥 이뤄지는 법은 없는 셈이다. 자기 인생에 대해 벼락 같은 개혁 의지가 있어야 하고 일에 대해 깊은 천착이 뒤따라야 한다.

팬택 창업자 박병엽 씨는 호서대학교 경영학과를 졸업했다. 이 학교가 4년제 대학교로 전환한 뒤 첫 졸업생이었다. 그는 그냥 점수에 맞춰 학교에 등록한 학생이었을 정도로 공부를 잘하는 학생이 아니었다. 대학에 가서도 학사경고를 계속 받을 정도였다. 하지만 그에게는 남다른 면모가 있었다. 신문에 부도 소식이라도 나면 "왜 그랬을까? 투자가 과했을까?"라는 따위의 생각이 꼬리에 꼬리를 물어 잠을 이루기 어려웠다고 한다.

대학을 나온 뒤 그는 맥슨전자에 입사해 법인 영업을 했다. 회사에서 연구원들과 제품을 기획하고 프로젝트를 관리하고 유통 경로를 설정하는 등 마케팅 기획을 했다. 첫 성공 아이템이 무선 호출기 '삐삐'였다. 엄청난 경쟁을 뚫고 국방부 납품에 성공한 데 이어 병원이나 호텔 등에도 모토로라, 삼성, 필립스 등을 물리치고 시장을 개척했다. 무섭도록 일에 열중한 덕분이었다. 학교 다닐 때는 꼴등에 익숙했지만, 이제부터 일등만 하자고 자신을 다잡았다고 한다.

그는 자면서도 고객 생각을 했다. 경찰청 무전 시스템처럼 기술적으로 어려운 주제도 두 달간 독학해 직접 브리핑할 정도였다. 스물아홉 살 때 팬택을 창업할 수 있었던 것도 이런 그를 눈여겨본 맥슨전자의 일급 엔지니어 세 명이 선뜻 그를 따라나서 준 덕분이었다. 노력과 실천의 연속 없이 우뚝 서기란 불가능하다.

# 5. 일상을 새롭게 본다는 것

## 여행이 좋은 이유

노벨 문학상을 받은 시인 T. S. 엘리엇은 누구나 한 번쯤은 들어봤을 법한 인물이다. '4월은 가장 잔인한 달'이라는 문구로 유명한 시 「황무지」가 널리 인용되고 있기 때문이다. 엘리엇은 한 권의 백과사전 같은 사람이었다고 한다. 그가 남긴 문학 작품에는 서구의 역사, 신화, 전설, 사상 등이 폭넓게 유기적으로 녹아들어 있기로 정평이 나 있다.

그런데 그가 여행의 효과에 대해 나름의 생각을 밝힌 것을 어느 월간지에서 본 적이 있다. 너무나 공감했기에 그 기억이 선명하다.

"모든 여행의 목적은 새로운 장소에 대해 아는 것이 아니라 처음 출발했던 일상의 장소로 돌아와 기존의 풍경을 새롭게 바라보는 것이다."[25]

이 말은 여행을 통해 자신에게 익숙한 환경과 사물을 그 이전과는 다른 관점으로 생각해보는 기회를 가질 수 있게 된다는 의미다. 신문 기자로서 살다 보면 평균 6개월에 한 번 정도 외국 출장을 가게 되는 것 같다. 외국 출장이 좋은 것은 일상을 벗어나 일상에 대해 다시 생각해보는 시간을 가질 수 있기 때문이다. 일상과 거리를 둔 채 다른 시공간 속에 던져짐으로써 내가 자리했던 곳을 좀 더 객관적으로 살펴볼 수 있다. 여행은 우리에게 돌아보고 반성하고 새롭게 바꾸는 시간을 선사해준다.

많은 이가 여행을 권하는 이유, 특히 젊은 시절에 외국 여행을 자주 하라고 조언하는 이유도 바로 여행이 자기 중심, 자국 중심의 관점에서 벗어나 낯선 문화와 이념에 눈뜨는 계기를 제공하기 때문이다. 남은 나와 어떻게 다르고 우리는 지금 어느 단계에 와 있는지, 남과 나 사이에서 활용될 만한 것은 없는지 고민할 수 있기에 여행 경험은 중요하다.

정보 폭증의 시대, 업무 폭증의 시대다. 일상에서 무척추 동물처럼 흐느적거리는 사람이 많은 것은 그만큼 우리가 정신적 포화 상태에 놓여 있다는 얘기일 수도 있다. 그럴 때 떠나는 여행은 일상에서 모든 것을 내려놓을 좋은 기회를 제공해준다. 낯선 환경과 사람들을 겪으며 하는 경험은 편리함과는 거리가 멀지만, 일상에 파묻혀 제대로 보지 못하던 문제를 일거에 파악하는 데 유용하다. 마치 시골 밤하늘의 별처럼 명료하게 일상을 다시 보게 된다고나 할까. 그렇게 되면 내가 놓치고 있는 문제의 본질과 마주할 수 있다.

쏟아지는 소소한 일거리에 파묻혀 인생이 원하는 방향으로 제대로 굴러가는지에 대해 무심했다면 여행이 좋은 터닝포인트가 돼줄 것이다. 많은 사람이 여행을 삶의 활력소로 꼽기를 주저하지 않는 데는 그만한 이유가 있다. 우리는 삶의 재충전이 필요할 때, 겉으로는 모든 것이 순조롭더라도 내면에 공허함이 용솟음칠 때, 일상에서 의미를 찾기 어려울 때, 떠나야 한다. 그래서 일상을 그 이전과는 다른 관점으로 바라보고 재정비하는 계기를 잡아야 한다. 떠나기 전에 어떤 목적을 두지 않아도 자연스럽게 많은 힌트와 실마리를 잡을 수 있을 것이다.

## 다르게 해석하는 능력

비즈니스에서 마케팅이라는 것도 따지고 보면 어떤 관점을 고객에게 제시하느냐에 성패가 달렸다고 볼 수 있다. 남다른 해석을 통해 신선한 관점을 보여줄 수만 있다면 똑같은 제품이라도 다른 성적표를 받아들게 된다.

코카콜라가 이에 어울리는 사례가 될 수 있을 듯싶다. 병 안에 들어 있는 검은색 액체의 본질은 바뀐 것이 없다. 하지만 코카콜라는 똑같은 내용물을 가지고 120년 넘게 세계 일등 브랜드로 군림했다. 이렇게 기적 같은 일이 일어난 것은 코카콜라의 마케터들이 시대에 맞춰 고객들이 코카콜라를 새롭게 인식하도록 유인했기 때문이다. 예컨대 사람들이 겨울철에 차가운 콜라를 마시게 하려고 그들은 산

타클로스와 코카콜라 로고의 붉은색을 오버랩시켰다. 상식적으로 보면 추운 날에 어울리지 않는 코카콜라이다. 하지만 이런 기발한 발상 전환 덕분에 코카콜라는 겨울철에도 스테디셀러 아이템이 될 수 있었다.

관점을 바꿔 실패를 성공으로 드라마틱하게 반전시킨 사례는 조금만 주의를 기울여보면 넘쳐난다. 그런 사례 하나를 들어보자. 1991년에 일본의 아오모리 현에는 메가톤급 태풍이 불어닥쳤다. 일본 최대의 사과 생산지이기도 한 이곳 마을들은 쑥대밭이 됐다. 얼마나 피해가 막심했는가 하면 내일모레로 수확을 앞둔 사과 90퍼센트가 소실될 정도였다. 한 해 사과 농사가 다 날아갈 판이 된 것이다. 그런데 이들은 태풍에 살아남은 사과에 대해 콘셉트를 잡고 마케팅에 나섰다.

"초속 40미터의 초강력 태풍에도 떨어지지 않은 그 사과! 내 인생에 어떤 시련이 몰아친다고 해도 나를 떨어지지 않게 해줄 그 사과, 합격 사과!"

사과의 가격도 일반 사과보다 열 배나 비싸게 책정했다. 그 결과는 대성공이었다. 아오모리 사과의 성공담은 의지나 기술로는 설명할 수 없는 종류의 솔루션을 담고 있다. 뭔가 기발하고 차원 높은 솔루션, 바로 관점의 변화이다. 사과에다 합격, 위로, 사랑, 낭만, 고독이라는 개념을 붙일 수도 있을 것이다. 그냥 먹을거리일 뿐인 사과에 스토리를 입히고 감정을 싣자, 사과의 세계는 고객에게 훨씬 더 넓고 깊은 이미지를 남기며 확장됐다.

뙤약볕이 내리쬐는 날씨에는 어떤 호텔에 들어가도 시원하다. 모두 시원한 에어컨, 즉 냉방 시설이 가동되기 때문이다. 그런데 믹 피어스_Mick Pearce_라는 건축가가 아프리카의 어떤 지역에 직접 설계해서 만든 한 호텔은 무척 시원한데도 냉방 장치가 없다. 열사熱沙의 땅 아프리카에서 어떻게 이런 일이 가능했던 걸까. 피어스는 평소 개미의 생활양식에 관심이 많았다. 흰개미들이 개미탑 온도를 시원하게 유지하는 것에 착안해 호텔을 그런 식으로 지었다. 그래서 자연 친화적이고 에너지 효율이 높은 호텔을 만들 수 있었다. 호텔에 대한 일반적 관점이 확장되는 순간이었다.

예전에 칸트의 인식론과 관련한 책을 읽고 감명을 받은 적이 있다. 인식론에서 칸트가 감행한 '코페르니쿠스적 전환_Kopernikanische Wendung_'은 바로 '관찰 대상'으로부터 우리 주관의 '인식 능력'으로 탐구의 방향을 바꿨다는 점이다.

예를 들어 대양 아래에 사는 물고기의 크기를 알기 위해 배를 탄 과학자가 있다고 치자. 그 과학자는 오대양을 샅샅이 뒤지며 물고기를 조사했다. 오랜 조사 끝에 모든 바다 고기의 크기가 2센티미터 이상이라는 결론을 내렸다. 하지만 그가 확신에 차서 이런 결론에 이른 과정은 과연 믿을 만한 것일까. 혹시 이런 결론이 나온 것은 그가 오로지 바다의 물고기, 즉 외부의 대상에만 주의를 기울였기 때문이 아니었을까. 사실상 그가 2센티미터 이상의 물고기만을 잡을 수 있었던 근본적 이유는 그가 사용한 그물코의 크기, 그러니까 대상을 인식할 수 있는 우리의 능력이 2센티미터였기 때문이었을지 모른다. 다시 말해 과학자는 이미 바다에 나가기 전에, 즉 선험적으로 2센티미터의 그물코를 가진 그물을 준비해놓았던 것이다.

칸트가 말하고자 하는 핵심은 바다로 나가기 전에 이미 우리가 갖춘 그물코, 즉 인식 능력을 검사해봐야 한다는 것이다. 이 사례는 우리의 인식이나 관점이라는 것도 지극히 개인적인 경험과 환경에 종속된다는 점을 보여준다. 이 때문에 우리는 항상 다른 관점을 수혈하려는 노력을 기울여야 한다. 대부분이 당연하다고 믿는 생각이나 주장을 의도적으로 뒤집어본다든지, 또 나와는 기질과 성향이 많이 다른 사람들로부터 아이디어를 구하려는 자세도 '그런 노력 중 하나가 될 수 있다. 다양한 사안에 대해 직장 동료와 열린 마음으로 이야기를 나눈다든지, 직장이 구성원들에게 베푸는 외국 연수나 교육 지원 등의 제도를 활용하는 것도 유익한 방법일 것이다.

## 콘셉트가 있는 사람

우리가 그토록 갖고자 희망하는 창조력이라는 것은 알고 보면 황당무계한 이종교배를 시도하는 과정에서 얻어지는 것이 많다. '황당무계'라는 표현은 일반적 상식선에서 볼 때 기발하고 신선하다는 의미를 담은 표현이다.

일본에서 크게 유행한 오토코마에 두부에 대해 들어본 적이 있는가. '오토코마에男前'는 '사내다운'이라는 뜻이다. 도대체 두부가 남자답다는 것이 무슨 뜻일까.

두부는 대개 거기서 거기이다. 특별한 것이 있다고 보기 어렵다. 기껏해야 재료 측면에서 국산 콩으로 만들었느니, 외국산 콩, 아니면 유기농 콩으로 만들었느니 하는 정도를 차이점으로 생각하는 것이 일반적이다. 더구나 두부 시장은 이미 바늘 하나 더 꽂기도 버거울 정도로 포화 상태다. 흔한 말로 '레드 오션red ocean'에 가깝다. 그래서 새로운 두부란 있을 수 없다고 생각하는 것이 보통의 관념이다.

그런데 갑자기 남자다운 두부가 나왔다. 반응이 놀라웠다. 두부에 남자다움을 불어넣자, 여자는 여자대로, 남자는 남자대로 폭발적 관심을 보였다. 두부에 새로운 세계관, 콘셉트를 불어넣어 일어난 일이다.

우리의 경력도 일종의 콘셉트를 만들어나가는 것이다. 콘셉트는 일종의 화두다. 그 사람 하면 먼저 떠오르는 어떤 이미지다. 모든 조직과 개인의 운명을 바꾸기가 쉽지 않은 것은 바꿀 만한 가치가 있는 콘셉트를 아직 만들지 못했기 때문이다. 이 세상에서 팔자를 고친 사람들은 다 나름의 콘셉트가 있는 사람들이었다. 우리 주위를 살펴봐도 그렇다. 같은 회사에 다녀도 각자의 개성, 기질, 특질, 또는 장단점이 다 다르다. 그런데 희소한 자질을 갈고닦아 경력을 계발해내는 사람은 드물다. 즉, 사람들 대부분이 각자에게 어울리는 특정 콘셉트를 만들지 못하고 있다는 얘기다.

콘셉트가 있다는 것은 시장에서 평가받을 수 있는 자기만의 무기를 만들었다는 뜻과 다르지 않다. 마지못해 일하는 사람, 자기만의 원칙 없이 부화뇌동하는 사람에게 콘셉트가 생길 수는 없다. 자신과 세상에 대한 진지한 탐색과 각고의 노력 없이 콘셉트를 구체화한다는 것은 꿈에서나 가능하다.

앞에서 말한 스티브 잡스에게로 돌아가 보자. 미국 스탠퍼드 대학교 졸업식에서 그가 한 연설은 많은 이에게 감동을 줬다. 그 연설 가운데 내게 깊은 인상을 준 대목은 '연결된 점들connecting the dot'이라는 표현이다. 불교에서 말하는 연기론緣起論과 비슷한 맥락을 갖고 있다. '연결된 점'의 의미는 현재 내가 보고 듣고 행하는 어떤 행위가 하나의 점이라면 이 점은 그냥 사라지는 것이 아니라 미래의 어떤 점과 연결돼 있다는 것이다. 좀 더 구체적으로 설명하면, 만약 당신이 장밋빛 미래를 꿈꾸고 있다면, 그 미래를 가능하게 해주는 현재의 점을 가졌는지 생각해봐야 한다는 뜻이다.

유감스럽게도 현재의 점이 없다면 지금 당장 만들어야 한다. 잡스는 아이폰이라는 전대미문의 제품을 만들었다. 하지만 따지고 보면 아이폰의 기능 중 애플이 독자적으로 만든 것은 하나도 없다. 잡스는 새로운 것들을 연결해 새로운 관점으로 해석한 아이폰을 내놓았던 것이다. 잡스는 이미 나와 있는 것들을 예술적으로 독창적으로 조합하는 데 성공한 셈이다. 잡스의 콘셉트는 바로 여기에 있었다.

성공한 사람들은 시나브로 흐르는 시간을 느끼면서 미래를 준비한다는 점에서 다른 이들과 다르다. 그들은 3개월 뒤, 6개월 뒤, 1년 뒤의 세상을 읽으려고 무던히 애를 쓴다. 뒤돌아보면서 세상이 바뀌었음을 아는 사람과 세상의 변화를 느끼면서 자신의 미래를 바꿀 준비를 하는 사람의 인생은 크게 다를 수밖에 없다. 밝은 미래를 꿈꾼다면 자신만의 무기라 할 콘셉트를 만들고 갈고닦고 다듬는 과정을 반드시 거쳐야 한다.

참고문헌

**01**  박성현 저, 『개인이라 불리는 기적』(들녘), 2011, 62~63쪽

**02**  홍상진 저, 『그들은 어떻게 읽었을까』(북포스), 2012, 272쪽

**03**  가와시마 고타로 저, 양영철 역, 『야나이 다다시, 유니클로 이야기』(비즈니스 북스), 2010

**04**  김영진·오동진, 「성공한 파이를 파먹는 게 인생」, 〈김영진&오동진 크랭크人〉, 『한겨레21』 928호(2012. 9), 81쪽

**05**  알 세쿤다 저, 최유나 역, 『위대한 작은 발걸음』(경영정신), 2008, 52~53쪽

**06**  박종원 저, 『야성으로 승부하라』(웅진윙스), 2010

**07**  하정민, 「서거원 대한양궁협회 전무, 독사 훈련으로 '신궁神弓 코리아' 길러낸 승부사」, 〈Leadership in Sports〉, 『신동아』 636호(2012. 9), 542쪽

**08**  칩 히스·댄 히스 저, 안진환·박슬라 역, 『스틱!』(엘도라도), 2009

**09**  이재영 저, 『탁월함에 이르는 노트의 비밀』(한티미디어), 2008, 196쪽

10 찰스 핸디 저, 이종인 역, 『코끼리와 벼룩』(생각의 나무), 2005

11 한나 아렌트 저, 김선욱 역, 『예루살렘의 아이히만』(한길사), 2006

12 구본형 저, 『깊은 인생』(휴머니스트), 2011

13 윤석철·서울대학교 기초교육원 저, 『윤석철, 문학에서 경영을 배우다』(서울대학교출판문화원), 2010

14 이순종 저, 『무엇을 하든 성공할 수 있는 셀프 포지셔닝 노하우, 당신의 능력은 한계가 없다』(미래와경영), 2011, 32쪽

15 구본형 저, 앞의 책

16 다치바나 다카시 저, 이정환 역, 『도쿄대생은 바보가 되었는가』(청어람미디어), 2002

17 송승환 저, 『세계를 난타한 남자, 문화CEO_송승환』(북키앙), 2003

18 오네다 가쓰미 저, 강병혁 역, 『한 마리 이리가 되어라』(낭만북스), 2011

19 도이 에이지 저, 김현영 역, 『전설의 사원』(크레듀), 2007

20 나가타 도요시 저, 김정환 역, 『55가지 프레임워크로 배우는 아이디어 창조기술』(스펙트럼북스), 2011

21 프란스 요한슨 저, 김종식 역 『메디치 효과』(세종서적), 2005

22 막스 베버 저, 김상희 역, 『프로테스탄트 윤리와 자본주의 정신』(풀빛), 2006

23 미하이 칙센트미하이 저, 심현식 역, 『몰입의 경영』(황금가지), 2006

24 미하이 칙센트미하이 저, 심현식 역, 앞의 책

25 정수복, 「속도 조절하며 남 배려하는 사회 돼야」, 〈서울과 파리 사이 101장면〉, 『신동아』 634호(2012. 7), 409쪽

KI 신서 4694

# 네이키드 스트렝스

**1판 1쇄 인쇄** 2013년 4월 10일
**1판 1쇄 발행** 2013년 4월 16일

**지은이** 이상훈
**펴낸이** 김영곤 **펴낸곳** (주)북이십일 21세기북스
**부사장** 임병주 **출판콘텐츠기획실장** 안현주
**문학팀장** 정혜원 **브랜드기획팀장** 이현정 **기획** 손인호 오미현 **디자인 표지** twoes **본문** 네오북
**마케팅영업본부장** 이희영 **출판영업** 이경희 정경원 정병철
**광고홍보** 김현섭 김다영 강서영 **프로모션** 민안기 최혜령 김해나 이은혜
**출판등록** 2000년 5월 6일 제10-1965호
**주소** (우 413-756) 경기도 파주시 회동길 201(문발동)
**대표전화** 031-955-2100 **팩스** 031-955-2151
**이메일** book21@book21.co.kr **홈페이지** www.book21.com
**트위터** @21cbook **블로그** b.book21.com

ISBN 978-89-509-4694-4 03320
책값은 뒤표지에 있습니다.